全国高等学校
法学系列教材

基I础I与I应I用

Experiment Course of
E-government

电子政务实验教程

法学虚拟仿真实验教学平台

赵 革◎主 编

清华大学出版社
北 京

内 容 简 介

"电子政务"这一新型政务方式在我国已经呈现普及的趋势。根据高校"复合型"人才的培养方针,特编写本书,以图文并重的形式,从理论基础积累入手,通过典型案例的方式介绍电子政务产生基础、发展趋势,以及目前电子政务的主要应用方向。根据目前教学中高校使用较普遍的"南京奥派电子政务实验教学软件",分类编写指导案例,主要介绍了国有资产的采购、国有资产的入库及管理、档案管理、数字会议系统的使用、行政审批流程、政府办公系统的管理及使用、政府信息门户的建立及管理等方面的内容。本书不仅是高校学生学习电子政务技能的基础性教材,也可为高校教师开展相关教学提供指导和帮助。

图书在版编目(CIP)数据

电子政务实验教程:法学虚拟仿真实验教学平台/赵革主编.—北京:清华大学出版社,2020.7
全国高等学校法学系列教材.基础与应用
ISBN 978-7-302-54866-9

Ⅰ.①电… Ⅱ.①赵… Ⅲ.①电子政务－实验－高等学校－教材 Ⅳ.①D035-39

中国版本图书馆 CIP 数据核字(2020)第 023066 号

责任编辑:朱玉霞
封面设计:汉风唐韵
责任校对:宋玉莲
责任印制:杨　艳

出版发行:清华大学出版社
网　　　址:http://www.tup.com.cn,http://www.wqbook.com
地　　　址:北京清华大学学研大厦 A 座　　邮　　编:100084
社 总 机:010-62770175　　　　　　邮　　购:010-62786544
投稿与读者服务:010-62776969,c-service@tup.tsinghua.edu.cn
质量反馈:010-62772015,zhiliang@tup.tsinghua.edu.cn
印 装 者:涿州市京南印刷厂
经　　销:全国新华书店
开　　本:170mm×240mm　　印　张:12.25　　字　数:225 千字
版　　次:2020 年 7 月第 1 版　　　　　印　次:2020 年 7 月第 1 次印刷
定　　价:49.00 元

产品编号:061563-01

目　录 CONTENTS

电子政务实验教程

第一编　电子政务理论基础

第二编　平台功能详解

第三编　综合操作实验

第一编

电子政务理论基础

1.1 电子政务的定义

20 世纪,以互联网为代表的信息科技得到了飞速的发展,信息技术几乎成了各个领域的重要推动力。电子政务作为当前政府创新的有效途径,通过电子政务的实现,提高政府办事效率和工作的透明度,增强人民的满意度。随着互联网的不断发展以及信息全球化进程的不断加快,电子政务已经成为国民经济信息化建设的重要组成部分,并对世界各国传统的政府运作模式产生了革命性影响。电子政务发展到目前为止,其定义尚未获得统一的认识,以下总结了几种不同的定义方式。

1.1.1 狭义的定义

狭义的电子政务专指国家各级行政机关运用计算机技术、现代通信技术、网络技术进行行政事务管理和服务的活动。

1.1.2 广义的定义

广义的电子政务泛指各类行政机关运用计算机技术、现代通信技术、网络技术进行管理和服务活动。广义的定义与狭义的定义不同之处在于它将活动的主体范围扩大到国家权力机关、司法机关,甚至一些社会团体等具有公共管理职能的组织。

1.1.3 从政府角度的定义

从政府角度来定义,电子政务是以互联网为依托,以信息技术为手段,将传统的政府管理工作移植到网络化、数字化的环境中的一种政府工作方式。这种定义方式强调了电子政务的运行环境、主要依赖的技术手段,但没有突出电子政务对政府管理模式、管理体制的变革性影响和其实施所能带来的重大作用。另外一种定义,所谓电子政务是指用信息网络技术和其他相关技术构造的政府结构和运行方式。通俗地说，电子政务是通过互联网建立政府网站，组成虚拟政府，其重要内涵就是通过信息网络技术的应用和整合信息资源，打破政府部门之间和政府与社会之间的界限，使得公众可以方便快捷地通过政府网站获取政府的信息和服务。这种定义强调电子政务的本质是网络化的虚拟政府，内涵是政府工作的无缝连接，宗旨是公众服务的方便快捷。

1.1.4　电子政务的开创者以及大企业的定义

美国是电子政务的开创者。在美国定义为：电子政务是政府利用技术手段更有效地为市民、企业、政府职员以及其他社会团体和政府部门提供信息和服务。这个定义强调的是服务，电子政务的主要目的是服务大众。一是通过技术手段主动地为大众服务；二是通过技术手段使大众能够方便地从政府索取服务。两者加在一起从而形成了政府与人民大众之间的双向互动。联想集团指出，电子政务是政府机构运用现代计算机和网络技术，将其管理和服务职能转移到网络上去完成，同时实现政府组织结构和工作流程的重组优化，超越时间、空间和部门分割的制约，向全社会提供高效优质、规范透明和全方位的管理和服务。这个定义在指出电子政务的支撑技术的基础上，还包含了电子政务的建设要与政府职能转变相结合，以及政务实施的目的是提高办事效率和管理水平，促进政务公开和廉政建设。

1.1.5　本书对电子政务的界定

从上述对电子政务的定义来看，电子政务包含四个必要因素和三个主要内容。必要因素包括：第一，主体是政府机关，广义上涵盖所有国家机构和部门，狭义为国家各级行政机关；第二，以信息技术为基础，包括计算机技术、通信技术、互联网技术等；第三，涵盖政府机关内、外部的管理和服务工作，指内外及广泛的管理与服务事物；第四，需要对原有事物进行改进。电子政务的三个主要内容包括：一是政府部门内部的电子化和网络化办公，如目前各级政府部门广泛使用的办公自动化；二是政府部门之间通过网络实现信息共享和实时通信，如国家已建设完成的"三金"工程和电子口岸执法系统；三是政府部门通过网络与社会公众之间进行双向的信息交流，如政府部门可以通过自己的互联网网站发布政务信息，以及进行网上招标、网上招聘，接受网上投诉等。

综上所述，电子政务是国家各级政府部门综合运用现代信息技术和互联网，将政府的内、外部管理和服务职能通过精简、优化、整合、重组后到网上实现。彻底转变传统工作模式，打破时间、空间以及部门分隔的制约，为社会公众以及自身提供一体化的高效、优质、廉洁的管理和服务。电子是手段，政务是目的，这个定义包含了以网络体系为支撑、以用户为中心、以服务和管理为双重目的,从而使得政府运作效率能够提高、降低成本,提升人民的满意度。

1.2　电子政务的特点

作为一种新型的管理模式,与传统政府相比,电子政务有其鲜明的特点,这些特点可以概括为以下几个方面。如图 1-1:

图 1-1　电子政务的特点图

1.2.1　政务处理信息化

信息技术的高速快捷和打破时空的特点使得政府在信息的生产、传播、管理模式和手段等方面发生了深刻的变化。一方面,政府在某些领域具有更强的信息获取能力与控制能力,从而拓展了政府职能的作用域,能够更有效地实现对社会的控制;另一方面,政府在信息获取和控制方面的垄断优势将被打破而面临来自各个层面的竞争,导致某些职能受到压缩,甚至流失。这两个方面的作用将给政府的管理方式和行政手段带来革命性变化,从而提高政府管理的有效性。

1.2.2　办公手段电子化

即从上级下达任务,到下级完成任务后将情况上报、检查,从文件的生成到传达、执行,都采用计算机手段和运用信息网络进行。从上情下达,以及部门内部和部门之间的情况沟通,都通过计算机网络运作。以电子邮件传输代替大量纸质文件传递,以网上视频会议代替人员集中在一起开会。这样做,从根本上改变了文山会海,实现了跨时空、高效率的现代化网络管理。实施电子政务就是实现政务工作信息化,它必须把计算机运用于政务工作中。当然,办公手段电子化有一个由低到高,由局部到全面的发展过程。因此,电子政务的发展过程本身就是一个不断进步的过程,我们不可能要求在同一时间,在所有部门都实现办公手段电子化。

1.2.3　运行环境网络化

随着信息技术和互联网的发展,政府机构与众多企业和社会公众能够通过方便、快捷、低成本的互联网进行沟通和协作。互联网本身具有开放性、全球性、低成本、高效率等特点。而这些特点也成为电子政务的内在特征,并使电子政务大大超越了作为一种政务运行平台所具有的价值,它不仅会改变政府本身的业务活动过程,促进政府业务流程的重组,而且对整个社会其他机关的运作模式都将产生积极的作用。互联网是电子政务运行赖以存在的基础。

1.2.4　行政管理虚拟化

电子政务最重要的作用是运用信息及通信技术打破行政机关的组织界限,构建一个电子化的虚拟政府。所谓虚拟政府,就是利用网络使传统的政府形态,在实体政府之外又存在一个虚拟化的政府,最大特点在于,它提供的服务,不受时间、空间的限制,它可以24小时提供在线服务,它可以大大地节约人力,可以大大地降低行政成本,大大地提高行政效率。当然,就目前的条件看,要做到政府管理完全虚拟化还不太现实,这不仅是由于政府的许多功能在现有条件下不能完全由智能机器代替,更重要的是现有的信息化水平还远远满足不了政府虚拟管理的要求。因此,在很长时间内,政府管理将出现虚实并存的局面。

1.2.5　信息沟通交互化

电子政务所形成的交互式管理方式的出发点是更好地为广大人民群众服务。我国作为社会主义国家,人民政府本来就是人民的公仆,实现信息沟通交互化,有着更重要的意义。通过利用信息网络技术与企业和社会形成一种互动机制,一方面,政府通过网络及信息技术,使整个政府工作变得透明化,将政府的行为暴露在阳光下,大大限制了暗箱操作的空间,减少权力滥用的可能,有利于勤政廉政建设;另一方面,公众可以参政议政,参与行政决策,通过网络,公众可以进行利益表达,满足了公众的知情权和参与权,以此形成一种政府与企业、政府与公众的良好互动。

1.3　电子政务的主要内容

电子政务的主要内容如图1-2所示。

1.3.1　政务信息发布

政务信息发布是指对将要公布的信息通过互联网发布给广大公众,其主要

图 1-2　电子政务主要内容图

形式包括：各政府机构可以在网络(包括内部网和外部网)实现信息发布,并通过建立政府整体性的网络系统,进行相互间的信息传递,以增进政府之间以及政府与社会各部门之间的沟通。在各政府部门建立各种信息库的基础上,还可以通过网站进行数据库查询,向政府公务员和社会公众提供便捷的方法,使其通过互联网等渠道取得有关资料。

1.3.2　内部办公自动化

内部办公自动化是指建立办公业务流程的自动化系统,主要是实现公文的拟制、审阅、签批、下发、归档、查询、借阅等全程均用计算机网络来处理,实现公文运行的电子化。内部办公自动化还包括全程使用计算机网络处理对报表的统计、制作、汇总及管理,通过局域网进行资料信息的数据共享及交换,达到办公业务规范化、科学化和无纸化。办公自动化是电子政务的基础,但这绝不是简单地将传统的办公模式照搬到网上,而是要对政府业务进行优化、重组。

1.3.3　网上交互式办公

网上交互式办公是指实现在线查询、登记、申报、备案、讨论、意见征集等交互式办公,还包括政府采购、招标、审批以及网上报税和纳税等项目。网上交互式办公还体现为通过互联网对政府与公众之间的事务进行互动处理,能够使政府快速听到群众的呼声,对公众来信和意见做出及时处理。通过使用安全认证等技术作保证,具有可靠性、保密性和不可抵赖性等特点,实现 7×24 小时式政府。

1.3.4　部门间协同工作

部门间协同工作是指多个政府机构针对同一事项,在各部门资源共享的基础上,利用共同的网络平台进行协同办公(工作流)。在企业和公民看来,部门协同工作能够使整个政府是一个高效、便捷的大部门,办事程序统一入口、统一出口;支持政府的宏观决策和运行控制;信息资源可以供社会共享,推动社会和经济的发展。

1.3.5　电子化公共服务

电子化公共服务是通过现代信息技术等电子化手段,使政府为社会提供的公共服务得以充分实现的过程和结果,是一种区别于传统公共服务的全新方式。因此也被称为"政府电子化服务""电子化的政府服务""公共服务电子化"。电子化公共服务的最终目标是为公众提供更好、更便捷的服务,具体目标包括:就政府与公众之间关系而言,建立更易接近的政府;就服务质量而言,提供更好、更可靠的服务;就公众的认同和接受程度而言,建立在线服务的公信力;就服务对象范围而言,即为所有人服务。相比于传统公共服务,电子化公共服务具有以下特点:

一是网络化:即网络系统成为主要的服务平台,服务的申请、受理、传递都可以在网络上进行;二是需求导向:在电子化公共服务环境中,充分体现了以公众为中心,为民服务;三是全天候、跨地域:电子化公共服务打破时间和空间的限制,可以提供 7×24 小时不间断服务;四是服务的高度集成:信息与服务内容的整合,不需要通过访问不同的政府网站而是一个入口获取整体、连贯和一致的服务;五是透明、高效、优化:服务过程变得更加公开、透明,服务成本降低和收益增加,服务流程更简化和规范。

电子化公共服务根据不同标准可以划分为不同的种类。按照服务性质不同,可以分为信息服务、沟通服务、针对性服务和交易服务;根据服务对象不同,可以分为对公民、对企业、对其他政府部门提供的公共服务;按照发展方式,可以分为网站服务、电话呼叫服务、手机短信服务、自助终端设备服务等;按照行政行为不同,可以分为行政许可服务、征收服务、确认服务、给付服务、合同订立服务等。

2.1 我国电子政务产生的背景

世界上最早开始和完成工业化的国家是英国。到了 20 世纪初期,主要欧美国家基本上实现了工业化。当前,信息化浪潮席卷全球,发达国家已处于后工业化阶段。中华人民共和国成立几十年来,一直致力于工业化,现代化进程已大规模展开。近年来,我国城市化加快发展,我国工业化水平也迅速提高。但同已实现工业化的发达国家相比还有相当大的差距。突出地表现在我国的农业现代化和城镇化水平依然较低,农业劳动力和农村人口在全社会劳动力和总人口中仍然较高;工业特别是制造业的技术水平还不高,产业结构层次低,竞争力不强;服务业的比重和水平不够高等。

对于目前在世界政治经济格局中处于落后地位的发展中国家而言,信息化并不像已处于后工业化时代的发达国家那样,是一个自然而然的过程,而是需要政府坚定地去推动它。我国 80% 的信息资源掌握在政府手中,但并未得到很好的利用和开发,这很大程度上是因为我国政府对信息技术的利用水平低造成的。面对社会信息化和经济全球化的加快发展,加入世贸的挑战和网络经济的冲击,党中央高瞻远瞩,审时度势,及时提出将信息化作为覆盖现代化全局的战略举措。20 世纪 90 年代,相继启动了以金关、金卡和金税为代表的重大信息化应用工程;成立国家信息化工组领导小组,朱镕基同志与温家宝同志先后担任组长,确定了信息化建设指导方针;1997 年,召开了全国信息化工作会议;党的十五届五中全会把信息化提到了国家战略的高度;党的十六大进一步做出了以"信息化带动工业化、以工业化促进信息化、走新型工业化道路"的战略部署;党的十六届五中全会再一次强调,推进国民经济和社会信息化,加快转变经济增长方式;2005 年 7 月 26 日,国务院信息化工作办公室首次发表有关国家信息化发展状况的政府文告——《2005 中国信息化发展报告》,系统全面总结我国信息化发展状况,指出信息化在国家战略中的地位正在稳步提升。

在整个国家信息化战略中,电子政务建设被作为应对挑战的重要手段和信息化战略重要推动力量,电子政务已经成为我国政治体制改革、行政管理体制改革和政府管理现代化进程中的重要战略安排。1999年,国家启动政府上网工程。2001年3月,全国人大通过《国民经济和社会发展"十五"计划纲要》,明确提出"以电子政务带动信息化"。党的十六大把电子政务改革作为行政体制改革的重要内容,提出深化行政体制改革,进一步转变政府职能,改进管理方式,推行电子政务,提高行政效率,降低行政成本,形成行为规范、运转协调、公正透明、廉洁高效的行政管理体制。2001年12月15日,国家信息化领导小组第一次会议做出了"启动国家电子政务工程,政府信息先行"的历史性重大战略决策。我国电子政务正是在这种信息化大背景和国家战略安排下产生和发展的。

2.2　我国电子政务的发展历程

我国的电子政务基本上是与我国自己的信息化历程同步发展的,即沿着"机关内部的办公自动化—管理部门的电子化(如'金关工程''金税工程')—电子政务"这一条主线展开,目前已进入电子政务工程的全面建设阶段。具体来说,我国的电子政务发展经历了以下几个阶段(图2-1):

图 2-1　我国电子政务发展历程图

2.2.1　起步阶段(1985—1992 年)

从20世纪80年代开始,我国政府就已经非常关注信息革命浪潮所带来的挑战与机遇。80年代中期,我国政府各部门均开始尝试利用计算机技术辅助实施一些最基础的政务活动,如公文处理、档案管理等,这就是"办公自动化"(Office Automation,OA)阶段。它建立了各种纵向和横向内部信息办公网络,为利用计算机和通讯网络技术奠定了基础。各部门迈出了实施"电子政务"的第一步,也是实施性基础建设的良好开端。为推进政府机关自动化程度,在政府机关普及推广计算机的使用,国务院办公厅在1992年下发了《国务院办公厅关于建设全国政府行政首脑机关办公决策服务系统的通知》(国办发〔1992〕25号)。作为此阶段的重要建设内容,办公自动化为我国电子政务发展奠定了重要基础。办公自动化是行政管理信息化的基础和重要组成部分,是对现代办公过程和组织重新整合、完善和数字化的再造过程,是电子政务建设的必经阶段。中国的电子政务建设最早可以追溯到办公自动化建设中的"海(中南海)内工程"项目。1985年,面对信息革命浪潮所带来的机遇和挑战,中国政府启动了以政务信息化为主要内容的"海内工程",开始利用计算机技术辅助实施一些最基础的政务活动,如文件处理、档案管理等,并且成立了专门的领导工作组,划拨了专门的编制和经费,那时还没有电子政务这个概念,当时的建设目标是:在中央政府开展办公自动化建设,逐步实现决策与政府行政管理信息网络化。中国办公自动化大致经历了三个发展阶段:第一个阶段主要标志是办公过程中普遍使用现代办公设备,如传真机、打字机、复印机等;第二个阶段的主要标志是办公过程中普遍使用计算机和打印机,通过计算机和打印机进行文字处理、表格处理、文件排版输出和进行人事、财务等信息的管理等;第三个阶段的主要标志是办公过程中网络技术的普遍使用,这一阶段在办公过程中通过使用网络,实现了文件共享、网络打印共享、网络数据库管理等工作。

在我国办公自动化的发展过程中,办公自动化建设取得了很多成绩;同时也暴露了很多问题,如投资大、效果不明显、水平低、重复建设多、硬件投入多、软件投入少、模拟手工作业增加管理负担等,造成这些问题的主要原因有三条。首先,对办公自动化的本质作用理解不深,通常只把办公自动化理解为办公过程中的先进技术和设备的使用,使用目的为提高效率,实际上,通过实现办公自动化,提高管理机构的决策效能更为重要。其次,忽视了办公自动化发展的基础,通常只是认为只要有了先进的技术和设备,就可以实现办公自动化。其实,办公自动化发展必须依赖两个基础:一个是管理基础,另一个是信息积累基础,如果脱离了这两个基础,办公自动化就会变成空中楼阁。最后,技术条件的制约,也会使得办公自动化建设难以达到预期的目的,如早期的网络技术在信息共享和沟通方面的支持就显得明显不足。20世纪90年代中期以后,随着信息网络技术、通信技术、数据库技术、多媒体技术、虚拟现实技术等的飞速发展以及政府转变职能的需要,办公自动化的发展进入快车道,开始突破部门和地域限制,向交互性和互联网的方向发展。办公自动化的发展出现了新的趋势:一是计算机网络技术的成熟与普及,使得许多单位建立了自己的局域网和广域网,并与互联网相连,形成完善的信息流转通路;二是经过多年的不懈努力,建立了许多以数据库为基础的应用软件,积累了大量宝贵的信息资源,锻炼了一批信息技术开发应用人才,工作人员使用计算机的能力和积极性有了很大的提高;三是各种办公应用软件的完善,使办公过程中公文的流转得以顺利实现,同时多媒体、数字签名等技术的应用又使电子公文能得到普遍认可,初步解决了电子文档的法律问题。

2.2.2　推进阶段(1993—1998 年)

　　1993 年底，为适应全球建设"信息高速公路"潮流，国家正式启动了国民经济信息化的起步工程——"三金"工程，即金桥、金关和金卡工程。三金工程是中央政府主导以政府信息化为特征的系统工程，其重点是建设信息化基础设施，为重点行业和部门传输数据和信息，从而少数行业政府机构的信息网络建设进展迅速。金桥工程属于信息化的基础设施建设，是中国信息高速公路的主体。金桥网是国家经济信息技术信息网，它以光纤、微波、程控、卫星、无线移动等多种方式形成空、地一体的网络结构，建立起国家公用信息平台。其目标是：覆盖全国，与国务院部委专用网相联，并与 31 个省、市、自治区及 500 个中心城市、1.2 万个大中型企业、100 个计划单列的重要企业集团以及国家重点工程联结，最终形成电子信息高速公路大干线，并与全球信息高速公路互联。金关工程即国家经济贸易信息网络工程，可延伸到用计算机对整个国家的物资市场流动实施高效管理。它还将对外贸企业的信息系统实行联网，推广电子数据交换(EDI)业务，通过网络交换信息取代磁介质信息，消除进出口统计不及时、不准确，以及在许可证、产地证、税额、收汇结汇、出口退税等方面存在的弊端，达到减少损失，实现通关自动化，并与国际 EDI 通关业务接轨的目的。金卡工程即从电子货币工程起步，计划用 10 多年的时间，在城市 3 亿人口中推广普及金融交易卡，实现支付手段的革命性变化，从而跨入电子货币时代，并逐步将信用卡发展成为个人与社会的全面信息凭证，如个人身份、经历、储蓄记录、刑事记录等。

2.2.3　发展阶段(1999—2001 年)

　　作为开放的公众网，互联网的应用给政府信息化带来不同以往的新属性，使之可以跳出单纯改善政府自身效率的局限，为政府更好地响应公众需求和服务全社会提供了可能。从而，也将政府信息化带入网络化的电子政务新阶段。1999 年在我国政府机关正式启动的"政府上网"工程，标志着我国政府信息化开始普遍步入互联网时代。事实上，此前已有国内一些政府机构积极探索将互联网用于政务活动。例如，1998 年，青岛市政府在互联网上建立了我国第一个严格意义上的政府网站"青岛政府信息公众网"；1998 年 5 月 17 日第 30 届世界电信日时，在"gov.cn"下注册的域名数为 145 个。当年年底，有关方面正式决定发起"政府上网工程"，一些部委还将 1999 年定为"政府上网年"。1999 年 1 月，由当时的国家经贸委经济信息中心和中国电信牵头、联合多家部委信息主管部门，在北京召开了"'政府上网工程'启动大会"，"政府上网工程"主网站"www.gov.cn"也开始试运行。为配合政府上网，中国电信对上网的政府机构专门出台了优惠政策,包括在一定期限内,减免接入专线月租费、相关通信费和主机托管费,组织互联网服务商(ISP 和 ICP)免费为政府上网制作部分主页,以及对相关人员免费提供培训。"政府上网工程"得到各地政府部门的积极响应。此后,参与"政府上网工程"发起单位的政府机构不断增加,许多地方纷纷召开专门会议,成立专门机构,安排必要的资源予以落实。一些地方政府主管部门还规定了"政府上网"的完成期限。在政府主管部门的大力推动和有关方面的积极配合下,我国政府信息化建设在此阶段取得了快速发展。互联网的应用开始受到更多政府机构的重视,尤其表现在"政府上网"推动越来越多的政府网站不断建成开通。据 CNNIC 的数据,我国在"gov. cn"下注册的域名数,从 1998 年底的982 个迅速增加到 2000 年底的 4615 个。应该特别指出的是,虽然作为专用语的"政府上网"指的是上互联网,但广义的政府上网却并不限于上互联网。换言之,在这一时期,封闭性的或与互联网相隔离的政务专用网络的建设也在同步推进。为进一步规范电子政务的发展,2000 年 5 月,国务院办公厅下发了《关于进一步推进全国政府系统办公自动化建设和应用工作的通知》,提出了要用 3—5 年的时间建设"三网一库"的任务。"三网一库"的内容,是指要不断完善各地区、各部门机关内部的办公业务网(内网),完善以国办为枢纽的全国政府办公业务资源网(专网),逐步建立基于互联网的面向社会的政府公众信息网(外网),以及共建共享政府办公业务信息资源数据库。2001 年 4 月,国办制订的《全国政府系统政务信息化建设 2001—2005 年规划纲要》,再一次明确了以"三网一库"为基本架构的我国政府系统政务信息化建设目标,提出"以需求为导向,以应用促发展;统一规划,协同发展;资源共享,安全保密"的指导原则。2001 年 8 月,党中央国务院决定重新组建新一届国家信息化领导小组,由时任国务院总理的朱镕基同志亲自担任领导小组组长。2001 年 12 月,国家信息化领导小组第一次会议召开,会议明确了实行加快信息化建设的战略,提出推进国家信息化必须遵循五条方针。其中第二条便是"政府先行,带动信息化发展",从而把推进电子政务建设明确纳入国家信息化的工作重点。

2.2.4　高速发展阶段(2002 年至今)

2002 年是我国电子政务大发展的一年。在这一年里,我国对电子政务的重要性有了进一步的认识,电子政务建设被提高到一个前所未有的高度。党中央国务院先后颁布了多项重要纲领性文件,2002 年 1 月,国务院信息化工作办公室和国家标准化管理委员会在京成立电子政务标准化总体组,全面启动电子政务标准化工作。目前已主持研究制定了《电子政务标准体系》和《国家电子政务标准化指南》第二版。2002 年 7 月,国家信息化领导小组召开第二次会议,明确了"十五"期间我国电子政务的目标以及发展战略框架,将政府信息化建设纳入一个全新的整体规划、整体发展阶段。会议审议通过了《国民经济和社会信息化重点专项规划》和《我国电子政务建设指导意见》。其中《我国电子政务建设指导意见》以"中办〔2002〕17号"文件下发，17号文件是我国电子政务建设的纲领性文件，在这个文件的指导下，我国各级政府在围绕："两网一站四库十二金"的发展重点有序开展电子政务建设。2002年11月的党的十六大报告明确提出："深化行政管理体制改革，进一步转变政府职能，改进管理方式，推行电子政务，提高行政效率，降低行政成本，形成行为规范、运转协调、公正透明、廉洁高效的行政管理体制"。2002年，我国推行电子政务的两部重要法律《电子签名法》和《政府信息公开法》已在筹划制订中。可以说这两部法律还是历经周折，《电子签名法》于2005年4月1日正式实施；《政府信息公开条例》历经6年讨论、起草，于2007年1月17日经国务院第165次常务委员会通过，在2008年5月1日正式施行。2002年8月，国家信息化领导小组《关于我国电子政务建设的指导意见（即"17号文件"）》正式下发。在总结我国电子政务建设历史和现状的基础上，"17号文件"就"十五"期间全国电子政务建设的指导思想、发展原则、主要目标、重要任务、职责分工及相应的政策措施等，分别予以明确，并相应做出了新的部署。

按照"17号文件"的要求，"十五"期间我国电子政务建设的原则：统一规划，加强领导；需求主导，突出重点；整合资源，拉动产业；统一标准，保障安全。主要任务包括：建设和整合统一的电子政务网络，要求副省级以上政务部门的办公内网与副省级以下政务部门的办公网实现物理隔离，明确政务外网是政府的业务专网，要与互联网逻辑隔离；建设和完善业务系统，加快12个重要业务系统建设，这12个业务系统是指政府办公业务资源系统、金关、金税、金融监管/金卡、宏观经济管理、金财、金盾、金审、社会保障、金农、金质、金水系统；规划和开发重要政务信息资源，即组织编制政务信息资源建设专项规划，设计电子政务信息资源目录体系与交换体系，启动人口基础信息库、法人单位基础信息库、自然资源和空间地理基础信息库、宏观经济数据库的建设。主要任务还包括，要积极推进公共服务；基本建立电子政务网络与信息安全保障体系；完善电子政务标准化体系；加强公务员信息化培训和考核；加快推进电子政务法制建设等。为完成上述任务，"17号文件"还就统一认识、加强领导，明确分工、各司其职，稳步推进、严禁重复建设，利用统一网络平台，规范试点，保证建设和运行资金，以及创造有利的外部环境等7个方面，提出了加快电子政务发展的措施。

"17号文件"的下达，得到各地和各部门政府主管机构的迅速响应。各地各部门也在电子政务建设方面纷纷采取了新的举措。北京、广东、福建、陕西、安徽、青岛、深圳、成都等省市和税务、司法、公安、审计等部门，纷纷提出了各自的电子政务规划、实施纲要和专项信息化重点工程规划。北京市提出,2002年底前,基本将面向企业和公众的政府业务实现上网运行、政府内部办公基本实现电子化和网络化;到2005年,将建成体系完整、结构合理、宽带传输、互联互通的电子政务网络系统,全面开展网上交互式办公,从而基本实现首都政务信息化。青岛市以政务公开和网上审批为重点推进电子政务应用工程,计划到2005年,使60%以上的政府审批和服务项目上网进行。在当时的电子政务建设热潮中,全国涌现出"南海经验"、北京"首信模式"、"中国上海"门户网站,以及"金关""金税""红盾315"等一批电子政务建设与应用的典型。与自下而上的典型相对应,为更好地推动面上电子政务的进展,自上而下的试点工作也得到了领导机关的重视。例如,2002年,国务院办公厅选择原国家经济贸易委员会、劳动保障部、对外经济贸易部等6个部门和北京、上海、浙江等7个省市,作为全国电子政务建设的试点。原国务院信息化工作办公室也指定了一批电子政务的试点单位。这些举措有力地推动了全国电子政务的发展。2005年,我国电子政务建设史上出现了具有代表性的案例——深圳市民中心。深圳市民中心被市民誉为"没有围墙的政府"。在这里深圳30多个主要政府部门设置了145个服务窗口,受理390多项覆盖市政府主要部门的审批项目,实现并联审批和集中监管。原来需要两三天才能跑完的事情,现在只需要2~3个小时就能办妥,市民中心的人性化设计充分体现了现代政府公共管理的"市民共享"理念。我国中央政府门户网站于2005年10月1日试运行,2006年1月1日正式开通,标志着我国政府门户网站体系基本形成。

进入"十一五"时期,国家对我国未来的信息化和电子政务做出了新的战略部署。这些部署集中体现在两个重要文件和一个重要会议上,一是《2006—2020年国家信息化发展战略》关于电子政务的部署;二是2006年3月,中共中央办公厅、国务院办公厅联合下发了《2006—2020年国家信息化发展战略》,进一步明确了信息化在我国国民经济与社会发展中的战略地位,国家信息化的指导思想、战略方针和主要任务。其中,电子政务继续作为这一时期信息化战略的重要组成部分。2007年,我国电子政务发展的基本特征大体可以归纳为五个方面:电子政务建设的战略部署已经完成;电子政务建设的战略目标、战略任务越来越明确;电子政务建设的整体思路越来越清晰;电子政务建设规律的认识越来越深刻;电子政务建设的成效越来越突出。2008年,《政府信息公开条例》的颁布,有力地推动了地方政府信息公开平台的建设,大大提高了政府工作的网上透明度,初步发挥了政府信息对人民群众生产、生活和经济社会活动的服务作用。2010年以来电子政务开始主动采纳Web2.0技术,各地大量涌现官方微博,逐步显现了政府网络传播与网络舆论的影响力,发挥了政府在网民围观力量疏引和互联网公共领域意见领袖培育方面的主导作用。

进入"十二五",信息技术带来的变革发展迅速,孕育着新的重大突破,已经成为推动经济增长和知识传播进程的重要引擎,推动着世界范围内生产要素流动和产业转移加快,引发经济格局、利益格局、社会结构和权力关系发生前所未有的重大变化。新技术、新业务、新应用、新模式的重大突破对电子政务在新时期的发展提出了更高的要求,也为深化电子政务应用提供了全新的机遇。

2.3 我国电子政务的基本功能

功能是指事物有利的作用。如果需要用一句话来概括我国电子政务的功能,那就是借助现代信息技术的力量,全面提高政府管理的效能,全面提高政府公共服务的水平。中国发展电子政务的有利作用是多方面的,其中最重要的方面,就是 2006 年 6 月,温家宝总理在对全国电子政务工作座谈会的批示中明确指出的:推进行政管理体制改革,提高政府工作效率和公共服务水平,为公众参与经济社会活动创造条件。当前阶段,我国电子政务的功能具体表现在以下几个方面如图 2-2:

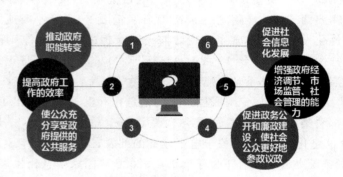

图 2-2 我国电子政务的基本功能

2.3.1 推动政府职能转变

所谓政府职能转变,就是从重塑国家和社会间的权力关系的角度,实现政府逐步放权于社会,强化社会权力和自治能力,从而实现高效管理。这一转变是我国行政管理体制改革的重要内容。党的十六届六中全会对构建社会主义和谐社会做出了全面部署,对行政管理体制改革提出了非常明确的要求,强调要建设服务型政府,强化社会管理和公共服务职能,将政府职能定位为"经济调节、市场监管、公共服务、社会管理"。这是党在新的历史条件下,从建设中国特色社会主义的全局出发提出的一项重要任务,对于深入贯彻落实科学发展观,构建社会主义和谐社会具有重大意义。电子政务正可以将这四大职能电子化、网络化，从而提高政府部门依法行政的水平。电子政务建设如果能科学发展，一定会有力地促进政府机构改革和政府职能的转变，使信息服务成为服务型政府的重要职能，适应社会主义市场经济的发展需要。

电子政务在政府职能转变中将发挥"助推器"作用。政府工作千头万绪，但最根本的有两项：一是推行政令；二是为社会公众服务。这两项职能相辅相成、缺一不可。长期以来，政府职能过多地偏重"管制主导"职能，而忽视了"服务主导"职能，使服务变成了政治口号。转变政府职能，就是要调整政府的权力结构，以行政审批制度改革为立足点，逐步实现由"管制主导型"政府向"服务主导型"政府的转变。而电子政务的实施，正是以网络平台、业务系统和数据库为重点，推动业务的整合和跨部门的协同，从而实现信息互通、资源共享，达到减少审批项目，简化审批环节，打破政府机构特有的条条和块块，提高审批效率的目的。它可以减缓甚至杜绝传统组织形态下经常出现的官僚主义现象，消除信息传递的障碍。国内外电子政务发生、发展的事实证明，利用电子信息技术手段可以创新政府管理模式，推动政府职能转变。

2.3.2 提高政府工作的效率

随着以互联网技术为代表的新一代信息技术的迅速发展，人类社会正步入一个崭新的网络时代。电子政务通过网络办公，可以极大地提高政府部门的工作效率。诸如提高数据收集的效率，利用互联网的通信能力提高下情上传和上情下达的速率和效果，提高公文处理与管理的质量，提高各种现代管理所不可或缺的信息资料的管理水平，扩大信息资料共享的范围及数量等。政府部门作为国家经济生活的参与者和管理者，其管理水平和服务功能的强化与发展必将对社会产生巨大的推动作用。电子政务的目的之一正是以信息技术为基本手段，优化并扩展政府机构的业务模式、管理模式和服务方式。政府管理的电子化和网络化改变了传统政务高成本、低效率的粗放管理方式，可以通过先进生产力来解放管理能力，在降低管理成本的同时，提高工作效率。同时，方便快捷的网上沟通可以实现无纸办公及远程办公，克服"文山会海"和"公文旅行"等弊病，节约人力和经费。它还可以减小工作人员的劳动强度，丰富政府部门的工作内容，使相应的事务处理工作不再枯燥、乏味，提高公务人员工作的积极性和创造性。我们知道，这一切都无例外地意味着政府工作效率的提高。

2.3.3 使公众充分享受政府提供的公共服务

电子政务的核心理念就是全心全意为公众服务。政府发展电子政务的核心价值之一就是改善政府的公共服务，提高公共服务的水平和质量。电子政务通过政府公务活动的电子化,将政府处理公共事务的流程向社会公开,公众可以通过互联网快捷方便、及时准确地了解到政府机构的组成、职能和办事规程,获取与公众相关的政策、法规和其他一些重要的信息,享用政府为社会公众提供的各种公共服务。胡锦涛同志在党的十七大报告中提出"加快行政管理体制改革,建设服务型政府",并明确指出要"健全政府职责体系,完善公共服务体系,推进电子政务,强化社会管理和公共服务"。实施电子政务是改革开放的需要,是建设服务型政府的基础工作。电子政务可以使政府部门的信息发布和大量的公务处理转移到网上进行,改变了传统依靠层层关卡、书面审核的作业方式,也免去了公众在享受种种公共服务过程中可能遭遇的不便,可以使公众获得更好的服务感受。

2006 年 1 月 1 日,中央人民政府门户网站的正式开通充分体现了中国建设服务型政府的信心和决心,标志着我国完整的政府门户网站体系的形成。这一举措极大地激发了各地对政府门户网站建设的热情,促进了电子化公共服务水平的提升。近年来,我国各级政府的服务意识明显增强,工作作风开始转变,各种服务措施不断推出,"政务超市""行政审批大厅""一站式服务",以及在做出涉及民生的一些重要决策时,由政府组织听证会,开通"市长电话""市长电子信箱"等,给群众带来了很多便利。政务公开便利了公众与政府部门的沟通与对话保护了公众的知情权、参与权和监督权,公众可直接在网上行使对政府的民主监督权利。这些变化,其本质是公众享受政府服务的权利的具体化、有形化和切实化。为社会公众服务不再仅仅是政府挂在嘴上的口号,而变成了实实在在的客观现实。

2.3.4 促进政务公开和廉政建设,使社会公众更好地参政议政

2008 年 5 月 1 日,《中华人民共和国政府信息公开条例》正式施行。国家首次从行政法规层面上对政府信息公开作了明确规定,使广大群众对行政机关的职责权限、办事程序、办事结果、监督方式等信息能够一目了然,保障了群众的知情权、参与权和监督权。这是用法律打造透明政府,加快推进服务型政府建设的一个重大举措。

政务公开是社会主义民主政治发展的客观要求,电子政务的建设与发展可以通过现代化的电子手段使政务公开得到切实的条件保障和推进动力。它可以使政府通过灵敏有效的网络渠道及时了解社情民意,改进工作作风,密切与群众的联系。同时,还有助于社会各方面对政府及其公务员行使权力的过程进行监督,杜绝滋生腐败的暗箱操作,增强政府工作的透明度和责任心,促进政府部门的廉政建设。传统政务环境下,绝大多数社会成员不可能与政府实现空间上的零距离接触和时间上的第一时间接触,这容易使政府疏远人民群众,容易

在中间环节发生腐败和"肠梗阻"。实施电子政务以后,政府可以从多种多样的信息源中快速获得普遍性的群众意见和呼声,实质上拉近了政府与百姓之间的距离,使政府通过群众监督、群众信访、形势分析等途径,全面、准确、及时而真切地了解人民群众的呼声,了解到普通老百姓时下最关心的问题,从而密切了与人民群众的血肉联系,使政府部门有的放矢地制定出真正反映人民群众意愿,代表人民群众利益的政策法规,使政府管理能取得更大的社会效益和经济效益。通过公开办事规则,规范办事流程,将服务于政府部门和科研教育部门的各种信息资料、档案、数据库在网上公开,使政府受到公众的监督,能有效地保证政务工作的公开与透明,有利于政府"公开、公平、公正"地处理公务。这将在很大程度上抑制腐败和徇私现象,推进廉政、勤政建设,增强社会对政府的信任,有利于社会的稳定。

2.3.5　增强政府经济调节、市场监管、社会管理的能力

随着社会主义市场经济体制的逐步完善,我国政府在不断强化公共服务职能的同时,也需要进一步增强政府在经济调节、市场监管和社会管理方面的能力,以全面提高管理效能。在这方面,电子政务的作用空间很大,它在客观上放大或者扩展了政府在这些方面的能力。比如,比较充分的电子化、网络化,使政府可以有切实的手段和措施为社会有关方面建立或者促进建立相应的专业交易市场,以推动经济的发展。针对资金、技术有限的民营企业、个体经济实体的发展需要,政府可以通过为其建立面向供需双方的专业化网上市场来促进其发展。这对于搞活经济、繁荣市场将发挥不可替代的重要作用。电子政务对市场监管形成的实际作用更加明显,从 1993 年年底开始的"金卡""金关""金税"等"三金"工程的实施,在客观上极大地加强了政府部门对经济活动的监管力度,减少了偷税、漏税和出口套汇等现象,增加了国家的财政收入,稳定了社会、经济、生活和生产秩序,产生了巨大的社会和经济效益。

电子政务在强化政府社会管理能力方面作用同样显著。实践证明,电子政务在对主要涵盖教育、科学、文化、科技、卫生、体育、环境等领域的社会事务进行管理的过程中,在协调各种复杂社会关系、妥善处理各种社会矛盾的过程中,在处置和管理各种危机事件的过程中,在健全社会治安防控体系、增强社会综合治理能力的过程中,都可以大有作为。特别是在强化"把握方向、制定政策、整合力量、营造环境"的能力方面,因为这四项基本能力都是以增强政府信息处理能力为基础,而电子政务恰恰可以使政府部门在社会管理中,看得全、看得准、说得通、行得通,确保了相关政府部门在管理过程中真正实现情况明、方向准、政策正确、措施到位、力量充沛、环境优化、效果良好。

2.3.6 促进社会信息化发展

当今社会，一个国家的信息化水平已经成为综合国力和社会发展水平的重要标志。由于政府是信息资源的最大拥有者和应用者，因此，电子政务也就成为社会信息化的中心环节，发展电子政务不仅可以极大地丰富网上信息资源，而且将成为社会信息化建设水平的重要标志。

在我国，电子政务是社会信息化的一个组成部分，电子政务需要依托社会信息化事业的发展而发展，同时，电子政务对社会信息化发展的推动作用也是不可低估的。政府作为社会结构中的一个重要枢纽，如果能率先实现信息化并建立起电子政务体系，必然会对整个社会信息化形成重要的示范、引导、推动、促进和保障作用。以进行社会管理和公共服务为特点的电子政务系统，实际上与社会上的各领域，特别是各种社会服务领域的信息系统有着紧密的关联，特别是与社会保险、医疗卫生、教育培训、食品安全、治安管理、就业保障等关系民生的领域的关联更是千丝万缕、不可分割。在政府通过电子政务系统提供相应的管理和服务的情况下，便利性就会理所当然地成为促进相关领域信息化的动力，相关企业活动和公民生活也会"自然而然"地搭上电子政务的快车并随之走向信息化。电子政务自身的公共性质，还必然会使社会公共信息基础设施得到很大的改善，而这些设施无疑会成为社会各行各业发展信息化的基本条件。发展电子政务还会非常有效地推动中国信息技术产业、信息资源产业的发展，使政府的需求成为相关企业群由小到大、从弱变强的发展动力和源泉，靠政府为数不小的订单以消费拉动生产。这样的环境，当然是我国社会信息化事业所需要和要求的。

我国电子政务发展实践已经证明了电子政务的发展在推动社会信息化建设与发展中的巨大威力。同时，这种发展本身也在验证电子政务在政府管理职能实现方式变革中的作用。我们可以看到的事实是：电子政务的发展，使政府不单靠发文、发号召，不单靠强制命令，也能很好地实现自己的职能。政府靠"信息引导"和"利益推动"所实现的经济调节、市场监管、公共服务和社会管理，其效果是令人满意的，甚至是令人鼓舞的。

第三章
电子政务规划与系统总体框架

3.1 电子政务规划

电子政务建设是一项投入资金多、涉及范围广、技术要求高、建设时间长、业务需求复杂的系统工程,它的艰巨性和复杂性以及对政府影响的长期性和广泛性决定了系统规划的重要性。因此,必须把电子政务规划作为一个重要的专项规划,在规划中坚持正确的设计原则,明确电子政务建设的具体任务和目标,保证规划设计质量。

3.1.1 电子政务规划的涵义

电子政务规划(E-Government Planning)是指政府机构和部门根据本地区、本部门的实际情况,明确电子政务建设的目标和优先级,并根据它们之间内在的逻辑关系,制定出实现目标的步骤与规范,以保证电子政务总体目标和阶段目标的顺利实现。换句话说,电子政务规划是从政府业务发展和政府改革的战略角度考虑,是对电子政务建设的目标、实施措施和步骤等做出的统筹安排。

3.1.2 电子政务规划的基本原则(如图3-1)

图 3-1 电子政务规划的基本原则

(1)全局性原则
主要体现在两个方面:一方面,电子政务建设不同于传统的工程项目建设,它是一个跨部门、跨行业的系统工程,在工程建设中各部门一定要统筹规划,不能各自为政,各相关部门要互相配合,切不可为了各部门局部利益牺牲整体利益。另一方面,在制定规划时,要始终牢记,电子政务的核心是政务。因此,所有的行业、部门都必须服从政务的需要,决不能只顾部门利益而置政务这个核心目标于不顾。

（2）前瞻性原则

电子政务建设是一项资金和技术密集型的系统工程,电子政务技术还在不断发展之中。规划一定要有前瞻性,以开放的态度对待任何技术手段,让利于电子政务发展的设想和技巧都能容纳进来,以保证电子政务建设有条不紊地向前推进。

（3）实用性原则

实用性,主要指的是所规划出的电子政务系统要能够最大限度地满足政府办公及用户对象的需要,应使其无需经过复杂的培训就能方便地使用该系统。因此,要求在电子政务规划过程中,要从本地区、本部门的实际出发,使设计的电子政务系统切实符合实用要求。

（4）安全性原则

安全可靠是电子政务建设的基本要求。如果没有可靠的安全保证,网络一旦受到攻击,就可能带来灾难性后果,甚至造成政府工作瘫痪。因此,在坚持电子政务为地方经济发展服务的同时,一定要做好政务信息系统安全保障规划工作,坚持信息安全系统与电子政务主体工程同步规划、同步建设、同步验收,要把安全理念贯穿于电子政务开发、运行、维护的全过程。

3.1.3　电子政务规划的主要步骤

制定电子政务规划需要综合考虑多方面的因素,既要考虑未来电子政务发展的目标,又要明确实现预期目标的各种人、财、物等资源的条件和要求,既要提高规划的可预见性,又要保证规划的可操作性。电子政务规划包括以下几个步骤(图 3-2)：

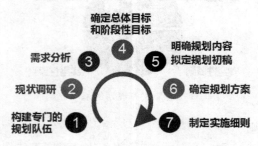

图 3-2　电子政务规划步骤缩略图

(1) 构建专门的规划队伍

电子政务建设是一项较为长期的系统工程,必须有专门的组织机构和人员,具体负责项目的规划、建设和管理。一个好的电子政务规划队伍应由一批既熟悉政府管理又精通信息技术的高级专门人才组成,通常应该包括:高层党政领导、政府网站用户、政府规划人员、信息技术专家、网站设计专业人员、第三方专家、监理等组成。同时,还要注意年龄结构、专业结构、知识结构的合理性。国际上比较通行的做法是设立专职的电子政务组织领导机构,设立直接接受政府首脑领导的"首席信息官"(Chief Information Officer,CIO)职位,具体组织和指挥电子政务项目的实施。国内通行的做法是由各地政府或政府部门的一把手、主管信息化的副职、办公厅(局、室)负责人、信息中心负责人以及其他相关人员共同组成"电子政务领导小组",以统筹领导和协调电子政务建设的全过程。

(2) 现状调研

在制定电子政务规划方案前,应对影响规划的所有因素进行深入的调查研究。调查和收集资料是电子政务规划的重要环节。对于规划中涉及的需求、目标、任务、措施以及目前业务流程是什么样的,各个流程环节分别是谁在做,如何实现结构化分解、逻辑化重组、数字化表达,以及实施电子政务的制度、人才、资金问题等都要进行认真的调研。通过调研,对本地区或本部门的电子政务建设现状和存在的问题有非常清楚的了解和把握。

(3) 需求分析

电子政务建设归根到底要为经济和建设服务,因此,在制定电子政务规划前要搞清楚国家和本地区的经济和社会发展战略。具体来说,有以下几点:

① 对本地区、本部门电子政务未来发展需求做出科学合理的分析,是制定电子政务规划中最重要、最基础也是相对难度最大的一项工作。首先应对本地区或本部门电子政务发展的一些基本问题进行基本分析,比如政府在履行其职责时面临着哪些挑战?最棘手的问题是什么?目前公众与相关部门对本政府最大的抱怨是什么?现有政府职能的流程是怎么样的?等等。

② 问题中哪些可以通过利用现代信息通讯技术得到比较好的解决?需要具备哪些条件?需要投入哪些资源?存在哪些风险?实施电子政务会产生什么样的结果?

③ 影响电子政务需求的关键因素包括政府所处的环境、所采用的技术和时间延续三个方面。环境因素主要看本地区、本部门已有的信息通信技术装备和系统、人员信息化的准备情况,政府业务流程适合电子政务发展的程度以及内外部对电子政务的需求等;对所采用的技术尽量选用稳定、可靠、适用并有生命力的技术;在时间延续方面,对电子政务的需求分析和发展规划的预期,以一至

三年较为合理，超过五年，可信度就会变得很差。

（4）确定总体目标和阶段性目标

确定电子政务建设的目标应从提高政府内部管理绩效，推动政府经济调节，市场监管、社会管理、公共服务职能转变，构建廉洁、勤政、务实、高效现代化政府的出发点进行考虑。根据我国目前信息基础结构状况和信息化水平，当前我国电子政务建设的首选目标是优化政府管理工作的各个核心业务流程，提高工作的有效性和效率，加强政府业务监管，提高工作效率，在此基础上全面完善对企业和社会居民的服务水平。在电子政务的建设和规划过程中，始终要紧紧围绕这个目标，要注意以政府的职能中带有不变性的业务流为主线。在确定电子政务建设的总体目标后，还要根据政府工作和经济建设的具体需要，制定相应的阶段目标。

（5）明确规划内容，拟定规划初稿

在调研和需求分析的基础上，拟定规划内容和项目，并按照确定的各项内容拟定规划初稿。规划的内容包括：

① 电子政务网站的设计主要包括网站建设的总体目标和具体目标，网站建设的原则，网站的构建和运作方式，网站构建和运作队伍的要求，网站的内容要求，网站的设计要求，网站建设方案，网站的命名、发布和宣传，网站建设日程表等。规划的拟定没有定式，凡是与政府网站的未来发展有关的重要问题均可考虑在内。

② 电子政务系统的总体设计要围绕本地区、本部门的电子政务需求，结合资金投入、技术选择以及政府所处的环境等多方面因素，对电子政务系统进行全面分析和设计；电子政务系统的总体设计必须综合考虑网络体系，技术支撑体系、业务应用体系、安全保障体系等各个组成部分的特点，确定相应的开发应用标准和规范，并依据统一的技术。

③ 技术和功能层面的细化主要包括确定电子政务系统运营的通信网络系统；选用合适的技术开发工具和开发平台；构建安全管理体制，包括安全监测、物理安全、信息安全、网络安全以及安全管理制度等一系列规范；电子政务可靠性保障方案，如数据备份、复杂系统的容错、防病毒、突发事件应急处理办法等；系统扩展性预案。对电子政务系统升级。业务需求扩展等应做出初步的预计，并能做出必要的应对处理。

（6）确定规划方案

初稿完成后，应通过一定的手段在一定的范围内公开，通过各种媒体发布信息和内容，多方征求意见和建议，可以指定一些信息化条件比较好的单位进行政府网站的试点工作或示范工作，根据信息反馈情况再次修正，如此反复直至成熟。

（7）制定实施细则

规划方案制定后，还要邀请与电子政务建设紧密关联的各相关部门及专业人员，制定切实可行的实施细则。在制定实施细则时，一方面要严格贯彻电子政务规划方案；另一方面要根据实际情况做出相应调整，尤其是要充分整合原有资源和基础设施，力求节约，实现经济效益、社会效益和提高政府形象等多重效益。

3.2　电子政务系统的总体框架

电子政务目标在于建设一个国家电子政务体系，将现有的和即将建设的各个政府网络和应用体系连接起来，统一相关的标准和规范，做到互联互通，成为一个统一的国家政务服务平台。如图 3-3 所示，具体来说，电子政务系统的总体框架可以分为五个层次，即表现层、应用业务层、应用服务支持层、信息资源服务层、IT 基础设施平台。两个体系，即安全保障体系和标准规范体系。

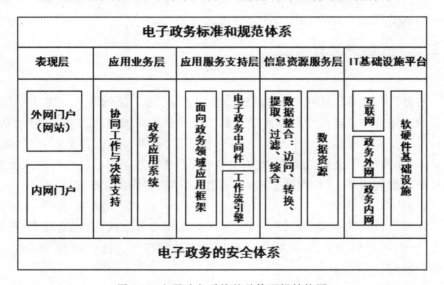

图 3-3　电子政务系统的总体逻辑结构图

3.2.1　IT 基础设施平台

IT 基础设施平台在电子政务系统的总体框架模型中处于最底层，是支撑整个电子政务系统的重要基础设施，主要包括政务内网、政务外网和公众网以及相关的软硬件基础设施。其中，政务内网与政务外网之间是物理隔离；政务外网和公众网络之间是逻辑隔离。政务内网是指政府机关内部的办公业务网，以政府各部门的局域网为基础，其上分别运行的是各类相对独立的政务管理应用系统，其服务对象是各级政府各部门领导和党务、政务工作人员；主要的内网业务系统有决策指挥系统、宏观调控系统、行政执行系统、监督检查系统、信息咨询系统等所有机关内部行政管理业务系统。政务外网主要承载的业务是各类纵向业务信息系统及跨部门的共享信息系统。公众网是指以因特网为依托的政府公众信息网，是政府与公众的网络沟通渠道，是对公众的电子服务窗口，运行的是公共管理和服务应用系统，包括基于 Web 的应用服务门户以及客户/服务(C/S)结构的各类客户应用模块。目前各类政府网站、用于向社会提供服务的网上服务应用均属于此类。主要的公众网应用系统有政务信息查询与发布系统，社会信息查询与发布系统，经济信息查询与发布系统，网上税务管理系统，网上信访系统，网上社保系统，网上工商管理系统，网上金融服务系统等。硬件基础设施主要包括网络交换与接入设备、服务器主机设备、个人计算机(工作站)设备等；软件主要包括系统软件(如操作系统、数据库管理系统等)和应用软件(如网管软件、防病毒软件等)，此层向信息资源层提供数据存储和管理所必需的基础设施。

3.2.2　信息资源服务层

（1）内容

信息资源服务层构建于 IT 基础设施层之上，为上层的应用服务支持层提供各种信息资源。政务信息资源层是整个电子政务系统的数据基础，包括基础性数据以及业务处理过程中所产生的信息数据，等等。从内容上看，包括基础信息库、元数据库、业务数据库、政府文件库、平台日志库等。从数据形式上看，包括关系型数据库、文档型数据库、目录型数据库、多媒体数据库等。

（2）功能

该层为各级政府部门的用户提供基础数据和业务数据的存储、检索、挖掘、统计、分析和共享服务等，向应用支撑层提供数据整合、访问、转换、提取、过滤和综合服务。

（3）主要技术

政务信息层主要用到数据库、数据仓库和数据挖掘技术。

① 数据库(Database)是存储在一起的相关数据的整合。数据库主要是为应用程序进行数据处理，未必按照同一主题存储数据；数据库保存信息的时候并不强调一定有时间信息。

② 数据仓库(Data Warehouse)"是面向主题的、集成的、与时间相关且不可修改的数据集合"。电子政务数据仓库不仅仅是个数据的储存仓库，更重要的

是它要提供丰富的各种应用工具。各种功能强大的完整工具体系是数据仓库实现应用的基础。电子政务数据仓库工具类型主要包括：

第一，政务数据获取工具。政务数据获取工具是指在数据提取层的一些工具，用来清洗、转换和从别处提取政务数据，将真实的、对政府决策有用的政务数据保留下来，使得放在数据仓库中的数据有条有理，帮助政府决策者再通过其他分析工具方便地使用这些数据。

第二，多维分析工具。政府管理人员往往希望从不同角度来审视业务数值，例如宏观决策部门往往从统计时间、农业产值、工业产值、服务业产值等来评价各个地区的区域经济发展情况。以前，针对每个分析的角度需要制作一张报表。现在，利用在线多维分析工具，可以根据用户常用的多种分析角度事先分析、考虑构架好一些辅助结构，以便在查询时能尽快抽取到所要的记录，并快速地从一维转变到另一维，从而迅速将不同角度的信息展现出来。

第三，前台分析工具。前台分析工具主要是指联机分析处理工具，可以提供各种分析处理操作功能以及简单易用的图形界面。图形界面可以将数据仓库的结果以数字、直方图、饼图、曲线等方式直观地提供给管理决策人员。管理决策人员也可以自由选择要分析的数据、定义分析角度、显示分析结果。前台分析工具往往需要与多维分析工具配合，作为多维分析服务器的前台界面。

③ 数据挖掘（Data Mining），又称数据采掘、数据开采，是指从大型数据库的数据中提取人们感兴趣的知识，而这些知识是隐含的、事先未知的、潜在的有用信息。

数据挖掘的主要特点是对商业数据库中大量业务数据进行抽取、转换、分析和其他模型化处理，从中提取辅助商业决策的关键性数据，在电子政务中主要用来为政府重大政策出台提供决策支持，例如，通过对网络各种经济资源的挖掘，确定未来经济的走势，从而制定出相应的宏观经济调控政策。

3.2.3　应用服务支持层

应用服务支持层提供应用系统的信息管理支持，用以支持应用系统的快速构建，以构建系统间的集成，跨部门的业务整合。同时，还提供数据资源和信息交换服务，为各级政府的各种应用提供所需的信息支撑和业务支撑。

（1）组成

应用支撑层主要包括数据共享交换平台、业务协同平台和门户服务平台。通过这些平台的运转，实现一个地区所有政府部门的统一网上公文交流和公文转换。部门内部、部门之间的政务信息将可顺畅传达和集中共享，真正实现条块之间互联互通、层级之间上传下达。同时，通过建立一个地区统一的数据标准、技术体系和安全防护体系，实现各地区政务资源集中储存、统一管理和维护，从根本上降低数据整合与应用集成的难度。

① 数据共享交换平台

数据共享交换平台提供统一的数据共享服务和数据交换服务，是应用支撑层最基本的组成部分。数据共享交换平台需要采用已有的消息中间件、应用集成中间件和 J2EE 应用服务器，来提供基本的服务功能。各应用系统和数据中心通过适配器接入数据共享交换平台。外部系统与政务系统也通过适配器接入数据共享交换平台来实现与政务系统的相互访问。

数据共享交换平台作为核心平台，提供上级业务协同平台对下级业务协同平台之间的调度任务的转发，同时也提供各政府部门之间横向与纵向的业务数据交互。数据共享交换平台不仅仅提供了数据通信的通道，同时也提供不同部门之间数据格式的转换。另外，数据共享交换平台也将是数据共享的平台，所有审批业务中需要各部门共享的数据都需要在数据共享交换平台处保存，以便于流程的快速执行与监控。

② 业务协作平台

业务协作平台通过业务流程集成，将不同部门业务系统中的处理环节定义在统一的流程中进行管理调度和监控的平台。例如，网上审批系统是典型的需要部署在业务协同平台上的应用系统。

③ 门户服务平台

门户服务平台主要的功能是将来自各种电子政务应用系统的内容和功能进行统一展现。通过门户服务器实现各应用系统的表示层集成，系统的访问者可以经由统一的 Web 门户网站访问后端应用系统。门户网站应用系统部署在门户服务平台上，例如公众服务门户网站和政府办公门户网站。

各平台之间并不是孤立运行的，业务协同平台需要采用已有的工作流中间件和数据共享交换平台，来提供基本的服务功能。基于业务协同平台的业务系统还需要使用门户服务平台作为该业务系统的入口。以网上审批系统为例，网上审批系统需要提供给用户统一的门户入口，用户通过互联网门户入口登陆，选择自己的相关审批事项，填报相关资料，数据将自动转入调度平台，如属于省级审批业务将通过省级业务协同平台制定好规格，将具体任务通过数据共享交换平台交给办事机构(委办厅局)，委办厅局处理的状态和结果也要通过数据共享交换平台及时反馈给业务协同平台，再由业务协同平台通过门户网站告知用户。

(2) 主要技术

① 中间件

中间件(Middleware)是在计算机硬件和操作系统之上，支持应用软件开发和运行的系统软件。它具有标准的程序接口和协议，通过这些接口和协议，系统可以实现不同硬件和操作系统平台之上的数据共享和应用操作。在电子政务系统中,中间件的作用是举足轻重的。在电子政务中,会遇到大量不同硬件平台、操作系统和应用之间互联互通的问题。中间件对不同的网络环境具有极强的适应能力,负责处理异构系统间的数据格式转换,使不同应用间的互联、互通、互操作成为可能,并且能够为应用提供统一的接口模式,使开发人员不必关心异构系统所带来的问题。另外,电子政务系统不是一成不变的。随着业务数据量的不断增加,将面临不断增加的业务压力。中间件支持应用系统正常运行下的应用、部门的动态增减、变更,它提供了一种简单快捷的解决方案,只要将多台机器配成服务器组,增加业务处理能力,就可以在多台机器间进行均匀负载的工作以适应不断变化的业务需要。

② 组件

组件(Component)是近代工业发展的产物,兴起于 20 世纪初,目的是功能模块化,前提是接口标准化,好处是构成产品的各个功能组件。由更专业的厂商生产,提高了质量,降低了成本。而生产组件的厂商,同样的组件,可应用于多类产品和多个领域,极大地扩展了市场范围。

当前技术条件下的电子政务系统是基于多层结构和组件技术构架的,电子政务组件就像建设一栋大厦使用的砖和预制板,为电子政务系统的构建提供了标准化模块。一般情况下,电子政务系统的建设者没有必要开发所有的模块,可以采用市场上最成熟的组件,这些组件将各个应用系统中共同的功能进行了抽象,并形成了独立的子系统,从而更加切合电子政务系统的需求,又可以保证系统建设的时间和质量。举例来说,每个应用系统都需要对用户和权限进行管理,开发一套完善的用户和权限管理系统需要大量的投入和仔细的规划。采用统一的用户和权限系统使得系统的维护人员能够很方便地对系统进行全面的权限管理,也避免了信息的冗余,以及由于个别系统的设计不当导致的安全隐患。

③ 工作流

工作流(Workflow)是一种反映业务流程的计算机化模块。它是为了在先进的计算机环境下实现过程集成于过程自动化而建立的可由工作流管理系统执行的业务模型,其目标是通过将工作分解成定义良好的任务、角色,并且按照一定的规则和过程来执行这些任务并对它们进行监控,达到提高工作效率、降低成本的目的。

在政府日常运作中,流程的概念可以说是无处不在。从办公系统到业务审批,各项工作都可以看作是在一个工作流程中进行着。在计算机网络大量使用之前,政府机构的大部分工作,如文档撰写、传送、审批、汇总等都可能要用手工方式来完成,在计算机网络环境下,在电子政务应用中实施工作流管理系统,使得上面过程中的各个步骤能够在一定程度上自动进行。

工作流系统在实际电子政务系统中的应用一般分为三个阶段，即模型建立阶段、模型实例化阶段和模型执行阶段。

模型建立阶段，即将政府部门的实际业务流程转化为计算机可以处理的工作流模型。

模型实例化阶段，即为每个过程设定运行所需的参数，并分配每个活动执行所需要的资源（包括计算机资源、工作人员、应用等）。

模型执行阶段，即完成业务流程的执行。在这个过程中重要的任务是完成人机交互和应用的执行，并对过程与活动的执行情况进行监控与跟踪。

3.2.4　应用业务层

电子政务应用业务层是基于 Internet 技术标准的面向政府机关内部、其他政府机构、企业以及社会公众的信息处理和服务系统，是利用信息和通信技术有效实现行政、服务以及内部管理等功能，在政府、社会和公众之间建立有机服务系统的集合。

根据政务涉及的范围，电子政务应用系统可以分为三类，一是各级政府机关内部的电子化和网络化办公，例如办公自动化系统、决策支持系统、视频点播系统等；二是各级政府部门之间通过互联网信息的共享和实时通信，例如通过电子邮件系统的互通互联，实现各级政府部门工作人员间的邮件传递，有效地沟通信息传递渠道；通过公文交换平台系统，实现省、市、县三级纵向以及政府部门间横向传递；三是政府部门通过互联网与公众之间进行公共信息的发布与双向的信息交流，同时由政府职能部门为公众提供相应服务，例如：门户网站系统通过及时发布政府机构设置、工作职责、政策规定、招商引资、工作进度、政务信息、公共信息，提供便民服务等信息，还可以针对不同职能的政府机关将政府内部办公职能面向公众延伸，逐步开展网上申报、审批、注册、年检、采购、招标、纳税、招商、举报、信访等，提高工作透明度，树立政府的良好形象。除以上三类系统以外，不同政府部门还需要建立各自的业务系统，典型的包括税务系统、信访系统、劳保系统、城市建设管理系统等。

3.2.5　表现层

表现层包括内、外网门户系统。

外网门户系统是整个电子政务系统的最前端，政府可以通过新闻内容管理系统面向整个社会大众进行单向的信息发布；社会大众将需要政府服务的信息通过网上办事互动功能进行提交，通过专门接口系统将这种服务请求递交到专门的部门系统；需要在多个平级或上下级之间协调的，将由专门的协调督办管理系统进行跟踪,保证每个社会用户请求政府服务的信息都能被随时跟踪定位到,从而起到对政府工作效率的社会监督作用。

内网门户系统是电子政务系统的重要组成部分,是基于政务内网的信息交流平台,是整个系统的统一用户界面平台,包括统一的用户登录界面、搜索引擎、消息发布平台、统一的待办事宜管理和进入各应用系统子界面的入口,起到将各应用系统和各类信息集成在一起的作用。

3.3　"三网一库"基本框架

"三网一库"是国务院办公厅提出的我国电子政务建设的基本框架。三网为:政府机关内部办公业务网,又称政府内网;与政府内网有条件互联以及实现地区级政府涉密信息共享的办公业务资源网,又称政务专网;以互联网为依托的政府公众信息网,又称政府外网。一库是政府系统共建、共享的政务资源数据库。如图 3-4 所示,"三网一库"的基本框架由政府内网、政府外网、政府专网和政府信息资源数据库组成。

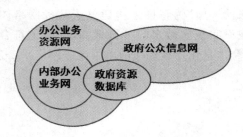

图 3-4　"三网一库"基本框架

政府内网即政府内部的安全网络,主要是处理政府内部的事务,实现办公自动化、文档管理、辅助领导决策、视频点播、数据安全与恢复、网络安全等功能。

政府专网即政府上下级部门和政府之间进行互连和资源共享的基础网络,在这个政务专网内,政府各个部门进行信息的交流和互动。

政府外网即政府的对外公众信息门户网站,主要是实现政务公开以及和外界的互动联系。通过外网,政府在向社会提供信息的同时,了解外界对政府工作的要求和建议,同时接受外界的监督;通过外网获取需要受理的业务信息,转入政府专网和内网进行业务处理,最后将处理的结果通过外网发布给社会公众。

以"三网一库"为基本架构的电子政务可以降低工作者的工作强度,实现信息的共享和快速传递，实现无纸化办公，节省人力、物力与财力，高质量、高效率地完成工作。如图 3-5 所示为"三网一库"的系统结构图。

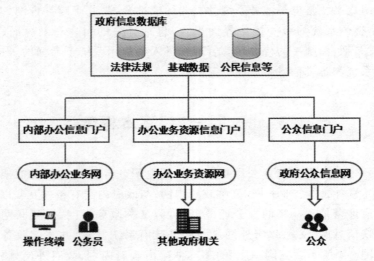

图 3-5 "三网一库"的系统结构图

实践证明，以"三网一库"为特征来构建电子政务网络体系，是我国近几年来根据政府信息化建设实践所做出的可行选择，同时也符合我国国情特点、符合政务工作实际、符合信息化发展规律的电子政务网络平台建设思路。

第二编

平台功能详解

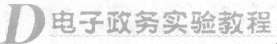
4.1 平台概述

4.1.1 平台背景：司法智能化

"智慧法院"是这两年我们用的一个新词，指的是以确保司法公正高效、提升司法公信力为目标，充分运用互联网、云计算、大数据、人工智能等信息技术，促进审判体系与审判能力现代化，实现人民法院工作的高度智能化运行与管理。

2016 年 3 月 13 日，第十二届全国人民代表大会第四次会议在人民大会堂举行第三次全体会议，最高人民法院院长周强作关于最高人民法院工作的报告，提出继续深化司法公开，加快建设"智慧法院"。

2016 年 7 月，中共中央办公厅、国务院办公厅印发《国家信息化发展战略纲要》，将建设"智慧法院"列入国家信息化发展战略，明确提出：建设"智慧法院"，提高案件受理、审判、执行、监督等各环节信息化水平，推动执法司法信息公开，促进司法公平正义。

2016 年 12 月 15 日，国务院印发《"十三五"国家信息化规划》，明确指出，支持"智慧法院"建设，推行电子诉讼，建设完善公正司法信息化工程。并将电子诉讼占比作为 5 个信息服务指标之一，全国法院电子诉讼占比要在 2020 年超过 15%。2017 年 3 月 12 日，十二届全国人大五次会议举行第三次全体会议，最高人民法院院长周强作关于最高人民法院工作的报告，提出 2017 年人民法院将加快建设智慧法院，努力提供更多优质司法服务。

2017 年 5 月 11 日，最高人民法院院长周强在全国法院第四次信息化工作会议上强调：要统筹兼顾，全面把握智慧法院建设的总体布局。智慧法院建设要以促进审判体系和审判能力现代化，提升司法为民、公正司法水平为目标，充分利用信息化系统，实现人民法院全业务网上办理、全流程依法公开、全方位智

＊ 本书以下内容中"本平台"均指代"法学虚拟仿真实验教学平台"。

能服务。要准确把握智慧法院与人民法院信息化 3.0 版的关系，深刻认识到信息化是人民法院组织、管理和建设的运行载体，智慧法院是建立在信息化基础上人民法院工作的一种形态，积极促进人民法院工作在智慧法院体系内智能运行、健康发展。要准确把握智慧法院网络化、阳光化和智能化特征，以是否达到"全业务、全流程、全方位"作为评价智慧法院的基本标准和主要依据。

虚拟仿真实验教学是高等教育信息化建设和实验教学示范中心建设的重要内容，是学科专业与信息技术深度融合的产物。为了贯彻落实习近平总书记关于强化实践育人工作的重要指示精神和全国高校思想政治工作会议精神，同时深入推进信息技术与高等教育实验教学的深度融合，不断加强高等教育实验教学优质资源建设与应用，着力提高高等教育实验教学质量和实践育人水平，根据《教育信息化十年发展规划（2011—2020 年）》和《2017 年教育信息化工作要点》等相关要求，教育部决定在高校实验教学改革和实验教学项目信息化建设的基础上，于 2017—2020 年在普通本科高等学校开展示范性虚拟仿真实验教学项目建设工作。

多年来高等法学教育的实践表明，高校培养法律专业人才的目标与社会实际需要相脱节的矛盾日益突出。其主要原因在于我国高等法学教育模式上不适应社会发展需要，过分强调理论知识的灌输，缺乏在法律人才培养上对实践操作技能训练方面的安排。因此，法律专业的教学应该在灌输理论知识的基础上结合一定的实践教学，学生才能更好地掌握对专业知识的理解和运用。

4.1.2　平台概述

深化实验教学改革、加强实践教学环节是国家实施"素质教育"和高等教育"质量工程"、全面提高教学质量的重要环节。法学虚拟仿真实验教学平台是专门针对法学专业教学现状而研发的完全模拟诉讼实务中的程序和标准的法律案件审理程序的整个过程的法学实践教学平台。平台覆盖现今所有法律机构的办案流程，模拟了 6 个法律机构（法院、检察院、公安机关、仲裁机构、调解委员、行政机关）的 40 余种诉讼与非诉流程，内有海量的数据包括：真实案例、证据扫描件、法律文书等。本平台着重培养学生动手能力、创新能力和综合素质，是通过实验把法学教育从理论推向实践的一种全新的卓有成效的教育模式。

本平台主要围绕现行浙江省高院网上办案系统的模拟为中心进行搭建，采用角色模拟的教学思想，通过引导式的实训流程操作，帮助学生熟悉并掌握案件办理的每个环节，让学生跨越时间和空间的障碍，获得更多机会体验不同的诉讼角色，通过隐含在系统功能内的实务方法全方面锻炼学生的法律思维，提高法律实务技能。同时，平台持续更新的案例素材及相关法律资料，帮助授课教师解决实训资料收集困难、工作量大的难题，为教师的教学工作提供素材资料支持,大大减轻了教师的工作压力。

4.1.3　平台目标

平台目标如图 4-1 所示:

图 4-1　平台目标

该平台目标就是完全模拟真实诉讼程序整个过程,集合法院的网上办案系统,仿真模拟现实操作,高效管理实验教学资源,实现校内外、本地区及更广范围内的实验教学资源共享,满足多地区、多学生的虚拟仿真实验教学的需求。平台可实现学校购置的实验软件统一接入和学生在平台下进行统一实验的目的,通过系统间的无缝连接,使之达到一个整体的实验效果。

该平台可以覆盖现今所有法律机构的办案流程,包括法院、检察院、公安机关、仲裁机构、行政与调解的 40 余种主要诉讼与非讼流程。同时,该平台仿真模拟法院网上办案系统,实现现实与实验教学平台的衔接。

平台的主要目标是使学生了解将来的工作环境,提前掌握各类诉讼以及非诉讼的业务程序及该流程的时间节点及所依据的法律。所开发的系统使用 flash 等其他技术来模拟真实法律业务机关的办公场景,由学生在相关法律业务案件审理中扮演不同的角色进行实验训练,实现教学效果最大化。

4.1.4　平台特点

本平台是一套针对法学专业的大型计算机教学模拟软件,其主要特点如图 4-2 所示:

1. B/S 架构,平台只需要安装到一台服务器,学生通过浏览器(如 IE)就可以在学校局域网内自由访问。

2. 可操作性强,平台采用最新的交互技术来提升操作性。①利用 Ajax 技术实现页面无刷新从而避免大量不必要的页面刷新时所产生的抖动与等待。②界

图 4-2　平台特点

面简洁美观,在保证美观的同时让主操作区的空间尽可能的大。③完善的提示信息,在各主要功能区下方均给出一定的提示内容,方便用户在使用本功能的同时随时了解如何操作此功能。④以流程图的形式来操作案件流程,学生按流程图来一步步进行案件的操作,流程图根据操作情况可随时在流程图上体现,例如[不可操作]变灰色,[可操作]变绿色,[操作完成]变红色等直观又方便。

3. 真实数据多,①平台为用户收集大量真实案件(包括真实证据)作为学生锻炼之用,这些真实案件证据能充分满足教学需要;②拥有数万条法律条款(知识库)供查阅;③另外软件还准备了较为广泛的细节性知识点(操作过程中随处可见的内容,类似于 windows 的帮助系统)让学生能在第一时间掌握知识的要点,例如当选择操作法院案件时,学生立刻能了解有关法院的一些细节知识;④数千种文书供学生在实验时查阅调用。

4. 知识面广,全面涵盖整个司法领域的知识点,让学生能尽其可能的得到最大化的锻炼;多种角色应用体系,多种业务权限配置,满足学生、教师、教务人员、实验室管理人员和校领导的需求,受益面广;平台涉及的每个业务流程角色扮演,如民事一审中有审判长(员)、原告、被告、有独立请求权第三人、无独立请求权第三人、原告证人、被告证人、鉴定人等,能让每个学生在实验中体验每个角色应该完成的步骤;平台为用户收集了实践操作流程中相关步骤的操作依据,充分体现流程设置的严谨性。

5. 更多互动体验,①学生不但可以进行单人形式下的实验还可以进行多人互动形式下的实验,单人形式下学生可自由发挥完全体验全部的实验过程,多人模式下多名学生之间来共同体验实验过程,形成充分交流;②实验操作中学生间可以通过内置的聊天程序来进行一对一的私聊,随时分享操作心得;③庭审过程中提供视频和语音功能,大大提高多媒体效果。④多人模式实验的案件流程开始之前进行小组讨论(关于如何进行此实验),按角色学生被分成不同的组,每组讨论结束后填写讨论报告汇总交于老师批阅;通过此讨论让学生在进行实验时不至盲目。

6. 更真实的模拟现实,平台采用最新的法院实践操作模式,配置网上办案系统。①网上立案功能,律师端与当事人端口可以在系统中提出网上立案、申请诉讼保全、网上提起上诉、网上申请执行、网上缴费。②网上提交功能,在系统中提交证据或手续材料、申请调查令、申请延期开庭、申请延长举证期限、申请证人出庭作证、提交代理词等业务。③网上阅卷律师端可以实现申请网上阅卷功能。④网上预约法官和沟通,律师端和当事人端可以实现网上预约法官和与法官在线沟通功能。

7. 辅助功能性多样化,平台配置北大法宝数据库链接、浙江庭审直播网链接,完善法学虚拟仿真实验教学平台的基础数据库,实现功能性的提升。

4.2　平台运行环境

4.2.1　软件环境

1. 服务器:

操作系统:Microsoft Windows 2008 Server。

数据库:Microsoft SQL Server 2005 标准版或企业版(或更高版本),安装时选择混合模式。

.NET 框架:Microsoft 的.NET 框架 3.5。

IIS7.0:在安装操作系统的安装系统组件时,将 Internet 服务管理器选中,系统会自动安装完成。

2. 学生机:

操作系统:Microsoft Windows 7 或更高版本。

浏览器:Internet Explorer 8 或更高版本。

4.2.2　硬件环境

1. 服务器:双核 CPU,4G 内存或以上,硬盘 80G 以上,1000M 网卡。品牌如 IBM,HP,DELL,联想等等。

2. 学生机:CPU 2.0G 或以上,4G 内存以上,80G 硬盘,100M 网卡。

3. 交换机:DLINK 24 口,3 个。

4. 网络:流畅。

5.1　管理员篇

　　管理员端口设置的目的主要是方便用户及开发者进行账户管理、系统配置以及一些基础数据的管理。管理员主要负责维护班级、教师、学生信息，上传优秀参考视频，并对整个系统进行有效设置维护。

　　进入本平台的登录主页面，如图 5-1 所示：

图 5-1　管理员登录界面

　　【管理员端功能】：账户管理、班级管理、知识库、参考视频管理、文书写作。同时页面下方附有庭审直播网和北大法宝等资源链接。

　　填写用户名和密码，单击【登录】按钮。进入管理员端，显示界面如图 5-2 所示：（注：首次登录可以单击页面右上角"管理员"修改密码以确保账户安全）

图 5-2 管理员操作界面

5.1.1 账户管理

账户管理用于管理学生与教师账户,完成如添加、修改及删除操作。

1. 修改教师账户

在管理员主页面,单击【账户管理】,进入账户管理页面,如图 5-3 所示:

序号	账户名	姓名	密码	操作
1	wenshu	wenshu	123456	修改 删除
2	xs	xs	10086	修改 删除
3	蒋琪瑶	jqy1	111111	修改 删除
4	yy	yy	123456	修改 删除
5	tec	tec	123456	修改 删除
6	tt	12	123456	修改 删除
7	zmt	zmt	123456	修改 删除
8	法源	法源	123456	修改 删除
9	tc2	tc2	a	修改 删除
10	jqy	蒋	123456	修改 删除
11	zsz	周大大	123456	修改 删除
12	xx	mao	10086	修改 删除
13	zkj002	蒙禹疃	123456	修改 删除
14	drp	drp	123456	修改 删除
15	zheng	郑红兵	1	修改 删除

账户管理 Account Management

教师列表
添加教师
学生列表
添加学生
批量添加学生
导入账户

教师列表: 返回上层

每页15行 / 共18条 1 2 End

反选 批量删除

图 5-3 管理员账户管理界面

默认进入后显示的为教师账户列表，单击某一行"操作"列的【修改】进入教师账户修改页面，如图 5-4：

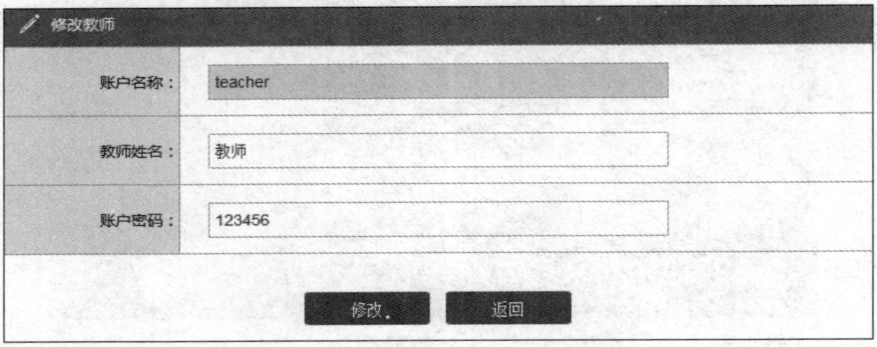

图 5-4　管理员修改教师账户界面

可以重新输入账户密码和姓名，单击【修改】完成账户修改。单击【返回】重新返回到账户列表页面。

2. 删除教师账户

在列表页面单击某一行"操作"列的【删除】，将出现是否删除对话框，单击对话框的【确定】按钮将该账户删除，单击对话框的【取消】将取消此删除操作，如图 5-5：

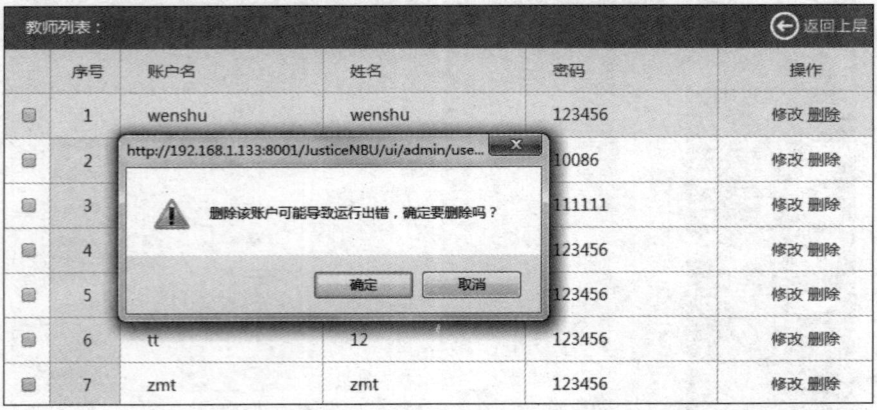

图 5-5　管理员删除教师账户界面

3. 添加教师账户

要添加教师账户可以单击左边菜单中的【添加教师】进入添加教师账户页面，如图 5-6 所示。

输入账户名称、教师姓名及账户密码，单击【添加】完成教师账户添加操作，单击【返回】重新返回到教师账户列表页面。

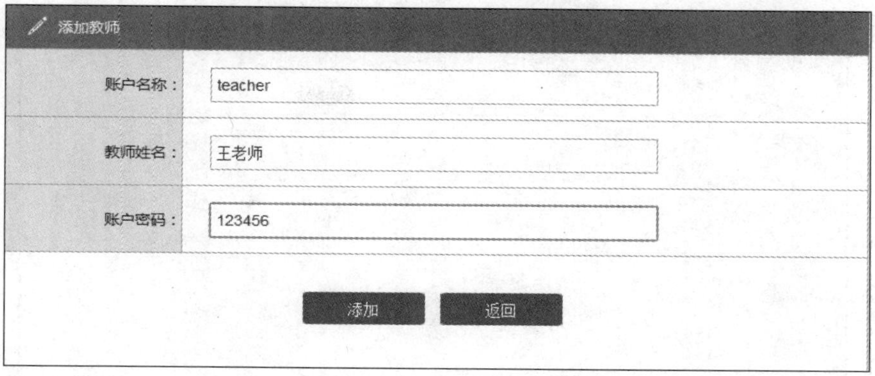

图 5-6　管理员添加教师账户界面

4. 添加学生账户

添加学生账户与添加教师账户同理，唯一区别是需要选择一个班级，如果没有可选择的班级应当先添加一个班级；如何添加一个班级请参考"5.1.2 班级管理"。如图 5-7：

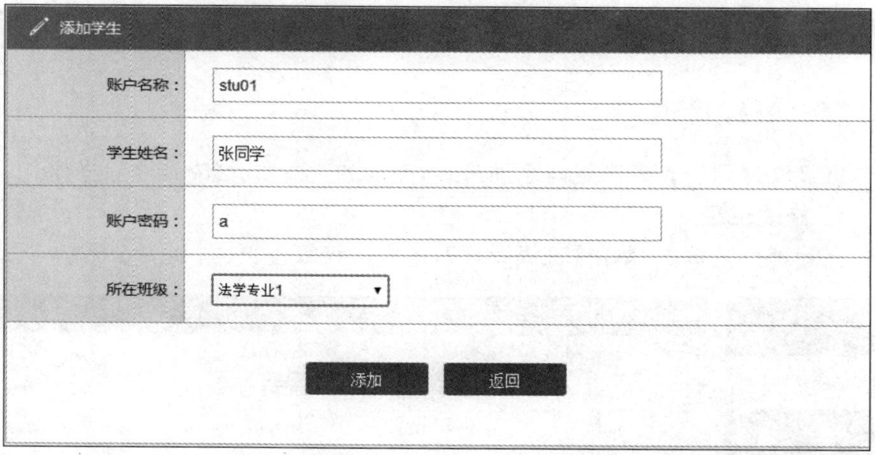

图 5-7　管理员添加学生账户界面

要批量添加学生可以单击左边菜单中的【批量添加学生】进入批量添加学生账户页面，如图 5-8 所示。

输入账户前缀，起始编号，账户密码，选择所在班级，单击【添加】完成批量添加学生；单击【返回】重新回到学生列表页面。

例如要创建账号"stu"到"stu30"；1，账户前缀处输入"stu"；2，起始编号处输入"01"；3，结束编号处输入"30"；4，输入统一的密码；5，选择班级；6，单击"确定添加"完成创建。

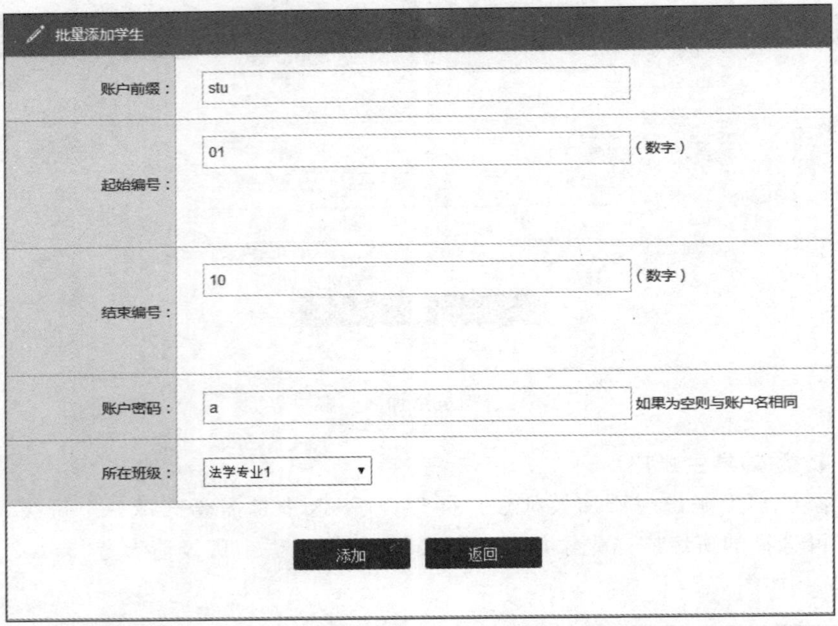

图 5-8　管理员批量添加学生账户界面

5.1.2　班级管理

班级管理用于管理班级与添加班级，完成如：添加、修改及删除操作。

1. 修改班级

在管理员主页面，单击【班级管理】，进入班级管理页面，如图 5-9：

序号	班级名称	任课教师	创建时间	班级人数	操作
1	小小	xs（xs）、	2017-9-25 14:35:14	6	修改 删除
2	16法3	teacher（教师）、	2017-9-25 10:13:34	5	修改 删除
3	法学专业1	蒋琪瑶（jqy1）、	2017-9-25 9:38:59	1	修改 删除
4	法6班	tec（tec）、	2017-8-29 13:56:21	10	修改 删除
5	法1班	tec（tec）、	2017-8-29 10:50:01	0	修改 删除
6	fa2	tt（12）、	2017-8-29 10:31:38	4	修改 删除
7	司法2班	（）、	2017-8-29 10:21:40	0	修改 删除
8	法源2班	zmt（zmt）、	2017-8-26 13:42:44	20	修改 删除
9	法源1班	法源（法源）、	2017-8-26 9:57:27	20	修改 删除
10	tc2班	tc2（tc2）、	2017-8-25 9:44:23	10	修改 删除

图 5-9　管理员班级管理界面

默认进入后显示的为班级列表,单击某一行"操作"列的【修改】进入班级修改页面,如图 5-10:

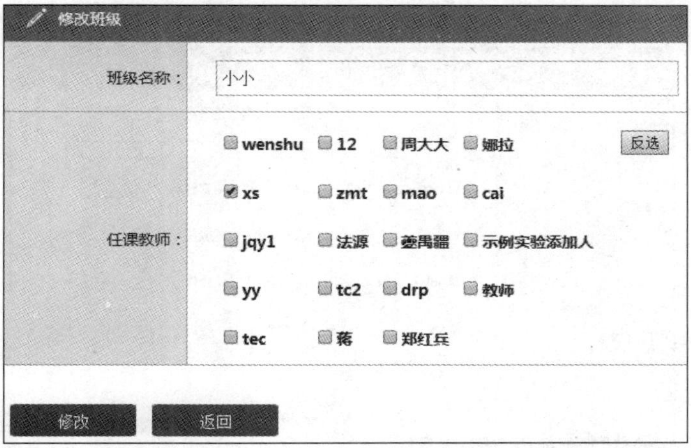

图 5-10　管理员修改班级界面

可以重新输入班级名称和重新选择任课教师,单击【修改】完成班级修改。单击【返回】重新返回到班级列表页面。

2. 删除班级

在列表页面单击某一行"操作"列的【删除】,将出现是否删除对话框,单击对话框的【确定】按钮将该班级删除,单击对话框的【取消】将取消此删除操作,如图 5-11:

图 5-11　管理员删除班级界面

3．添加班级

要添加班级可以单击左边菜单中的【添加班级】进入添加班级页面，如图 5-12：

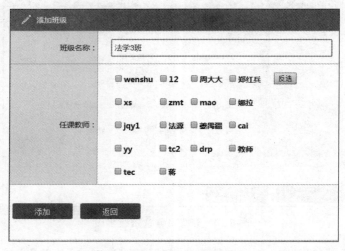

图 5-12　管理员添加班级界面

输入班级名称，选择任课教师，单击【添加】完成添加班级操作，单击【返回】重新返回到班级列表页面。

5.1.3　知识库

知识库主要包括文书模板库、司法案例库、法律法规库等内容，可供学生实验操作时查阅。

文书模板库中包括各类法律文书，在文书模板库可以完成文书模板的关键字查询、添加、修改、删除等操作。

司法案例库包括：最高人民法院公报、最高人民检察院公报、司法判例、仲裁案例等。在司法案例库可以完成案例的查看、添加、修改、删除等操作。

法律法规库包括：法律及全国人大（常委会）文件、行政法规及国务院（中央政府）文件、法院文件、国家部委办局文件、地方人大（常委会）文件、地方政府（部门）文件、党群机构文件、检察院文件、公约条约、非政府间国际组织文件、仲裁规则及仲裁机构文件、军事机构文件、标准规范和指引（指南）、行业与市场规定、公报报告、文件解读/释义/问答、草案及征求意见稿、联合发文、澳门法规等供使用者查看。在法律法规库可以完成法律法规的查看、添加、修改、删除等操作。如图 5-13：

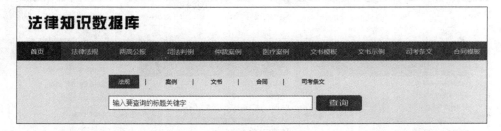

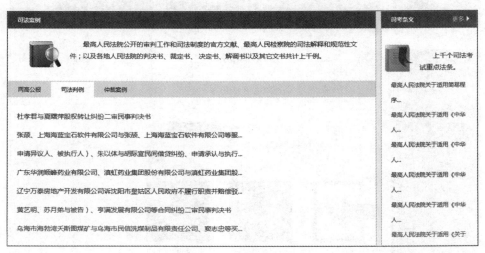

图 5-13　知识库界面

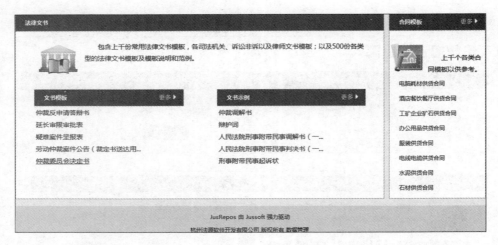

图 5-13 （续）

5.1.4　参考视频

参考视频端口可以上传、删除视频文件。参考视频能够方便学生直接参考获得优秀庭审的经验，同时也给学校提供上传参考视频资料的功能。

要上传参考视频可以单击主页面中的【参考视频】进入上传视频页面，如图 5-14：

图 5-14　管理员上传参考视频界面

输入文件名称，选择视频截图及视频文件，单击【确定上传】完成上传视频操作(注：视频截图须为 GIF 格式,130×88 像素;视频文件须为 flv 格式)。

5.1.5　文书写作

文书写作用于学生法律文书写作的练习。文书写作系统中持续更新的案例素材及相关法律资料,帮助授课教师解决实验资料收集困难,工作量大的难题,为教师的教学工作提供素材资料支持,坚强教师的工作压力。

【文书写作功能】：文书管理、案例管理,如图 5-15：

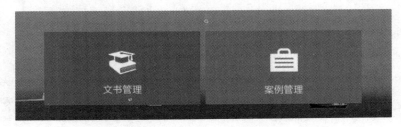

图 5-15　管理员文书写作界面

1. 文书管理

文书管理用于管理学生端和教师端的文书内容,完成如：添加、修改及删除操作。

在文书写作主页面,单击【文书管理】,进入文书管理页面,如图 5-16：

文书名称	所属分类	操作
人民检察院抗诉书（审判监督程序适用）	检察院文书	详情 编辑 删除
诉前财产保全申请书	律师文书>>民事诉讼文书	详情 编辑 删除
刑事授权委托书（刑事附带民事诉讼当事人的代理人阶段）	律师文书>>刑事诉讼文书	详情 编辑 删除
刑事授权委托书（担任被害人的代理人阶段）	律师文书>>刑事诉讼文书	详情 编辑 删除
刑事授权委托书（审查起诉阶段、审判阶段）	律师文书>>刑事诉讼文书	详情 编辑 删除
人民法院调解书（二审民事调解书）	法院文书	详情 编辑 删除
诉讼财产保全申请书	律师文书>>民事诉讼文书	详情 编辑 删除
民事再审申请书（申请再审用）	律师文书>>民事诉讼文书	详情 编辑 删除
民事反诉状（法人或者其他组织提起上诉用）	律师文书>>民事诉讼文书	详情 编辑 删除
二审刑事裁定书（二审维持、变更、撤销原裁定用）	法院文书	详情 编辑 删除
二审刑事裁定书（二审发回重审用）	法院文书	详情 编辑 删除

图 5-16　管理员文书管理界面

（1）查看文书

默认进入后显示的为文书列表，单击某一行"操作"列的【详情】进入文书详情页面，如图 5-17：

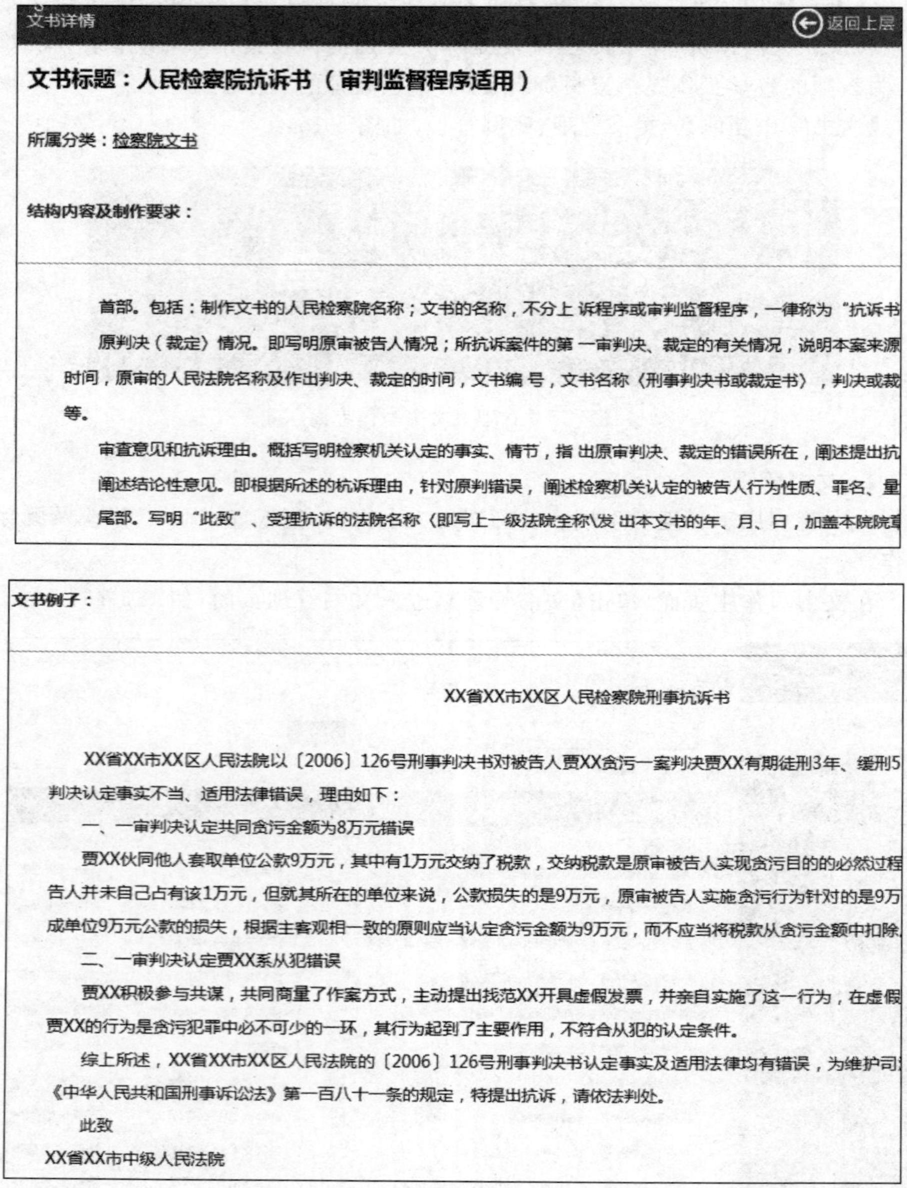

文书详情   ⊙ 返回上层

文书标题：人民检察院抗诉书（审判监督程序适用）

所属分类：检察院文书

结构内容及制作要求：

首部。包括：制作文书的人民检察院名称；文书的名称，不分上 诉程序或审判监督程序，一律称为"抗诉书原判决（裁定）情况。即写明原审被告人情况；所抗诉案件的第 一审判决、裁定的有关情况，说明本案来源时间，原审的人民法院名称及作出判决、裁定的时间，文书编 号，文书名称〈刑事判决书或裁定书〉，判决或裁等。

审查意见和抗诉理由。概括写明检察机关认定的事实、情节，指 出原审判决、裁定的错误所在，阐述提出抗阐述结论性意见。即根据所述的抗诉理由，针对原判错误，阐述检察机关认定的被告人行为性质、罪名、量

尾部。写明"此致"、受理抗诉的法院名称〈即写上一级法院全称\发 出本文书的年、月、日，加盖本院院首

文书例子：

XX省XX市XX区人民检察院刑事抗诉书

XX省XX市XX区人民法院以〔2006〕126号刑事判决书对被告人贾XX贪污一案判决贾XX有期徒刑3年、缓刑5判决认定事实不当、适用法律错误，理由如下：

一、一审判决认定共同贪污金额为8万元错误

贾XX伙同他人套取单位公款9万元，其中有1万元交纳了税款，交纳税款是原审被告人实现贪污目的的必然过程告人并未自己占有该1万元，但就其所在的单位来说，公款损失的是9万元，原审被告人实施贪污行为针对的是9万成单位9万元公款的损失，根据主客观相一致的原则应当认定贪污金额为9万元，而不应当将税款从贪污金额中扣除。

二、一审判决认定贾XX系从犯错误

贾XX积极参与共谋，共同商量了作案方式，主动提出找范XX开具虚假发票，并亲自实施了这一行为，在虚假贾XX的行为是贪污犯罪中必不可少的一环，其行为起到了主要作用，不符合从犯的认定条件。

综上所述，XX省XX市XX区人民法院的〔2006〕126号刑事判决书认定事实及适用法律均有错误，为维护司〈中华人民共和国刑事诉讼法〉第一百八十一条的规定，特提出抗诉，请依法判处。

此致

XX省XX市中级人民法院

图 5-17　管理员文书详情界面

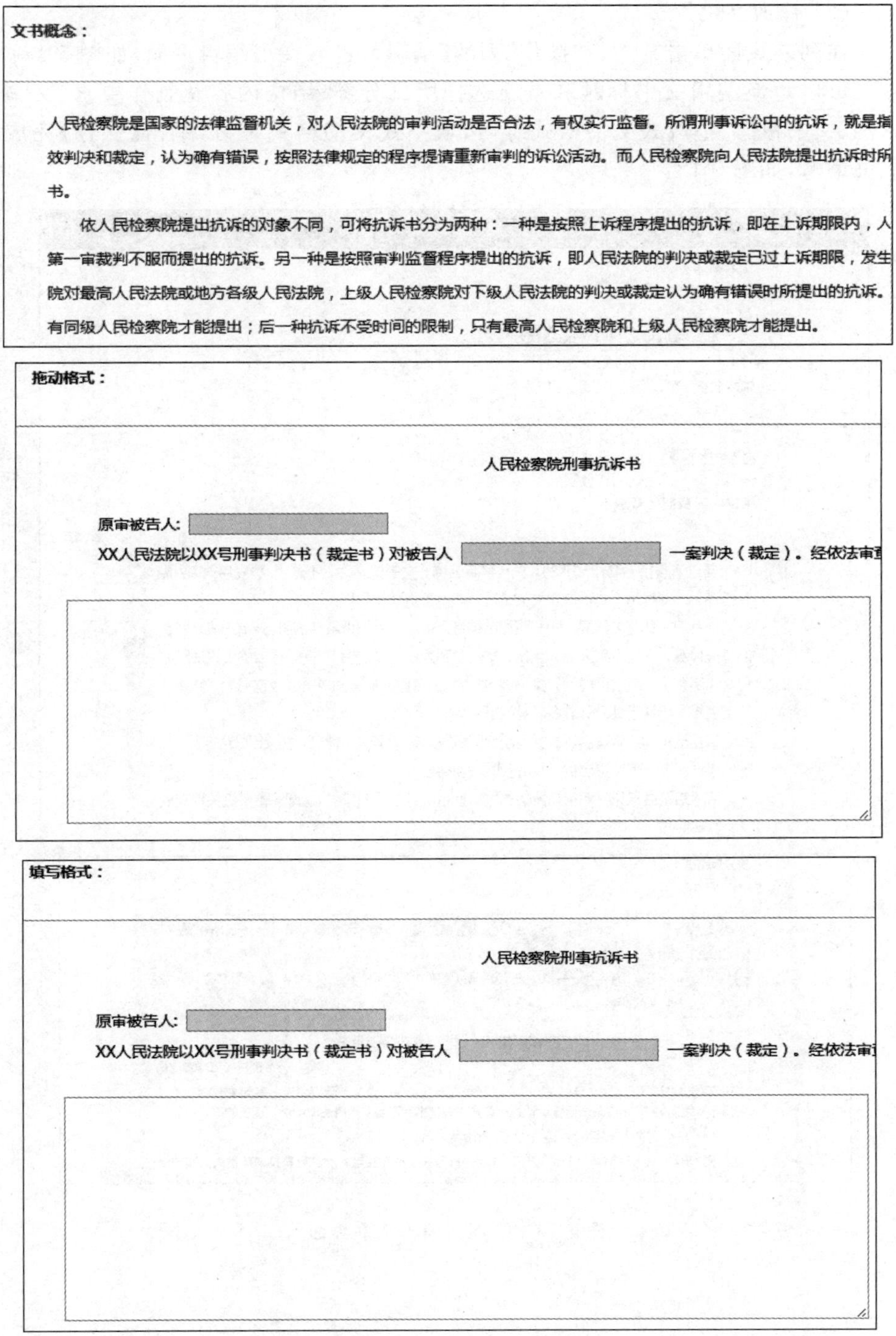

文书概念：

　　人民检察院是国家的法律监督机关，对人民法院的审判活动是否合法，有权实行监督。所谓刑事诉讼中的抗诉，就是指效判决和裁定，认为确有错误，按照法律规定的程序提请重新审判的诉讼活动。而人民检察院向人民法院提出抗诉时所书。

　　依人民检察院提出抗诉的对象不同，可将抗诉书分为两种：一种是按照上诉程序提出的抗诉，即在上诉期限内，人第一审裁判不服而提出的抗诉。另一种是按照审判监督程序提出的抗诉，即人民法院的判决或裁定已过上诉期限，发生院对最高人民法院或地方各级人民法院，上级人民检察院对下级人民检察院的判决或裁定认为确有错误时所提出的抗诉。有同级人民检察院才能提出；后一种抗诉不受时间的限制，只有最高人民检察院和上级人民检察院才能提出。

拖动格式：

　　　　　　　　　　　　　　人民检察院刑事抗诉书

　　原审被告人：　　　　　　
　　XX人民法院以XX号刑事判决书（裁定书）对被告人　　　　　　一案判决（裁定）。经依法审

填写格式：

　　　　　　　　　　　　　　人民检察院刑事抗诉书

　　原审被告人：　　　　　　
　　XX人民法院以XX号刑事判决书（裁定书）对被告人　　　　　　一案判决（裁定）。经依法审

图 5-17　（续）

（2）修改文书

在列表页面单击某一行"操作"列的【编辑】，进入文书编辑页面，如图5-18；

可以重新编辑文书标题和重新选择所属分类、结构内容及制作要求、文书示例、文书概念、拖放式文书格式练习、填空式文书格式练习，单击【保存】完成文书编辑，如图5-18：

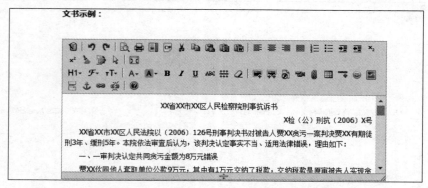

图 5-18　管理员编辑文书界面

文书概念：

人民检察院是国家的法律监督机关，对人民法院的审判活动是否合法，有权实行监督。所谓刑事诉讼中的抗诉，就是指人民检察院对人民法院的生效判决和裁定，认为确有错误，按照法律规定的程序提请重新审判的诉讼活动。而人民检察院向人民法院提出抗诉时所制作的书面文件，即为抗诉书。

依人民检察院提出抗诉的对象不同，可将抗诉书分为两种：一种是按照上诉程序提出的抗诉，即在上诉期限内，人民检察院对同级人民法院的第一审裁判不服而提出的抗诉。另一种是按照审判监督程序提出的抗诉，即人民法院的判决或裁定已过上诉期限，发生了法律效力，最高人民检察院对最高人民法院或地方各级人民法院，上级人民检察院对下级人民法院的判决或裁定认为确有错误时所提出的抗诉。前一种抗诉受时间限

拖放式文书格式练习

格式为{iSub0:}，开始为"{iSub"加上数字最后以"：}"结尾"例如：{iSub0:}公安机关文书1，{iSub1:}公安机关文书2，{iSub2:}公安机关文书3"

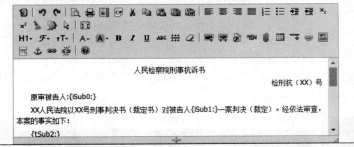

填空式文书格式练习

格式为{tSub0:}，开始为"{tSub"加上数字最后以"：}"结尾"例如：{tSub0:}公安机关文书1，{tSub1:}公安机关文书2，{tSub2:}公安机关文书3"

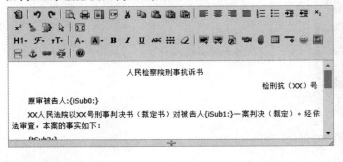

保存

图 5-18　（续）

（3）删除文书

在列表页面单击某一行"操作"列的【删除】，将出现是否删除对话框，单击对话框的【确定】按钮将该文书删除，单击对话框的【取消】将取消此删除操作，如图5-19：

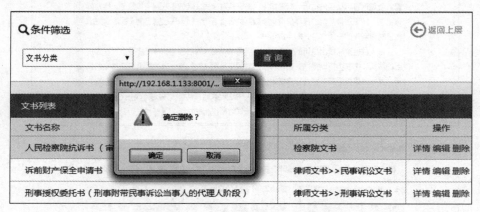

图 5-19　管理员删除文书界面

（4）添加文书

要添加文书可以单击左边菜单中的【文书添加】进入添加文书页面，如图 5-20：

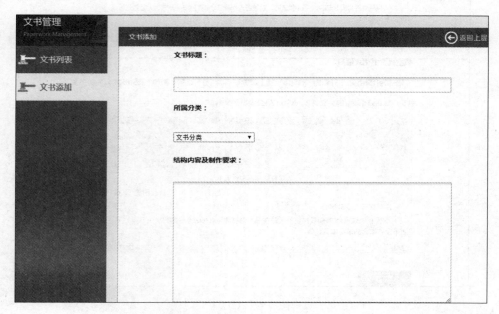

图 5-20　管理员添加文书界面

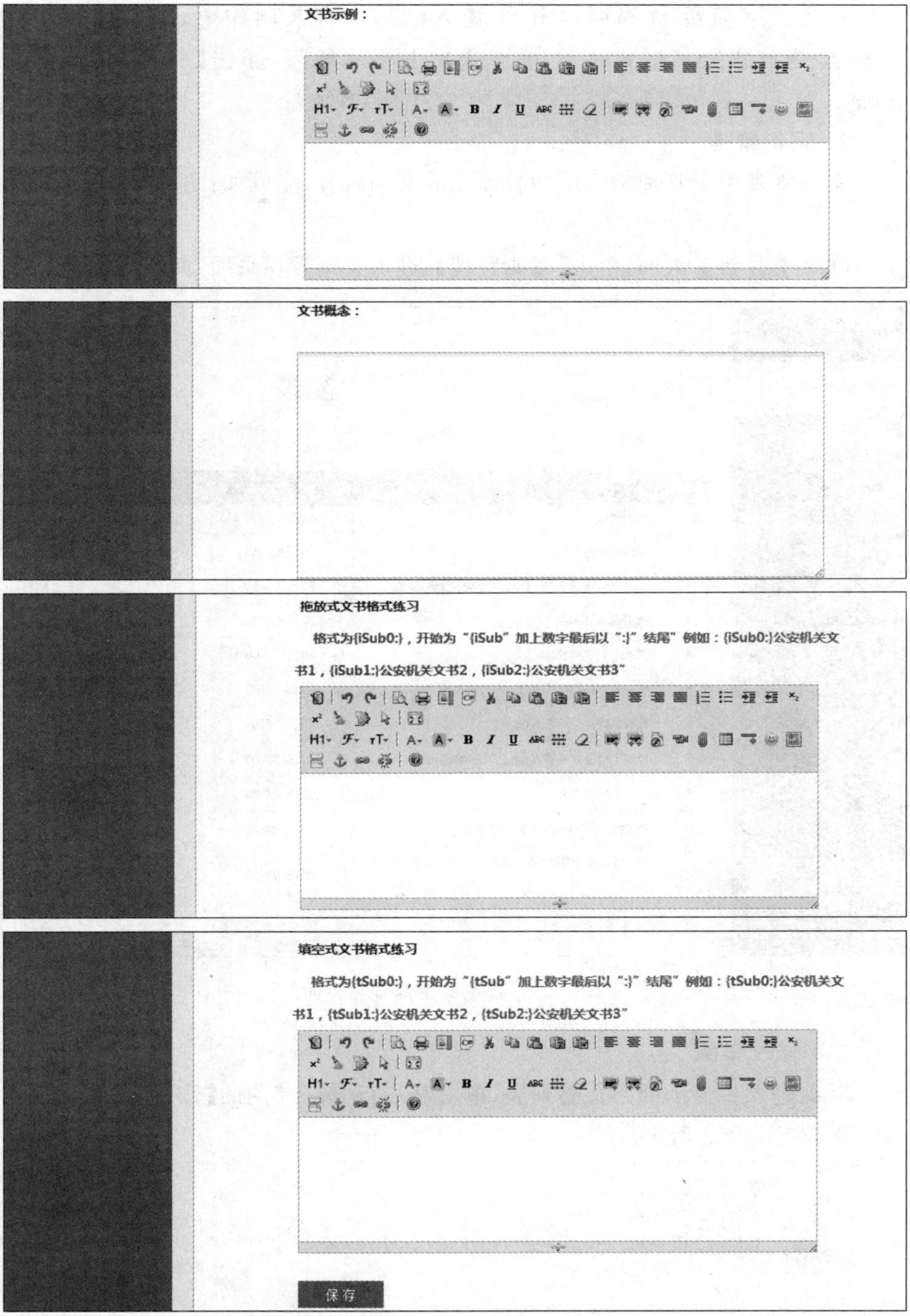

文书示例：

文书概念：

拖放式文书格式练习

格式为{iSub0:}，开始为"{iSub"加上数字最后以":}"结尾"例如：{iSub0:}公安机关文书1，{iSub1:}公安机关文书2，{iSub2:}公安机关文书3"

填空式文书格式练习

格式为{tSub0:}，开始为"{tSub"加上数字最后以":}"结尾"例如：{tSub0:}公安机关文书1，{tSub1:}公安机关文书2，{tSub2:}公安机关文书3"

保存

图 5-20　（续）

输入文书标题-选择所属分类-输入结构内容及制作要求-文书示例-文书概念-拖放式文书格式练习-填空式文书格式练习，单击【保存】完成文书添加。

2. 案例管理

案例管理用于管理学生端和教师端的案例内容，完成如：添加、修改及删除操作。

在文书写作主页面，单击【案例管理】，进入案例管理页面，如图 5-21：

图 5-21 管理员案例管理界面

（1）修改案例

默认进入后显示的为文书列表，单击某一行"操作"列的【修改】进入案例修改页面，如图 5-22 所示。

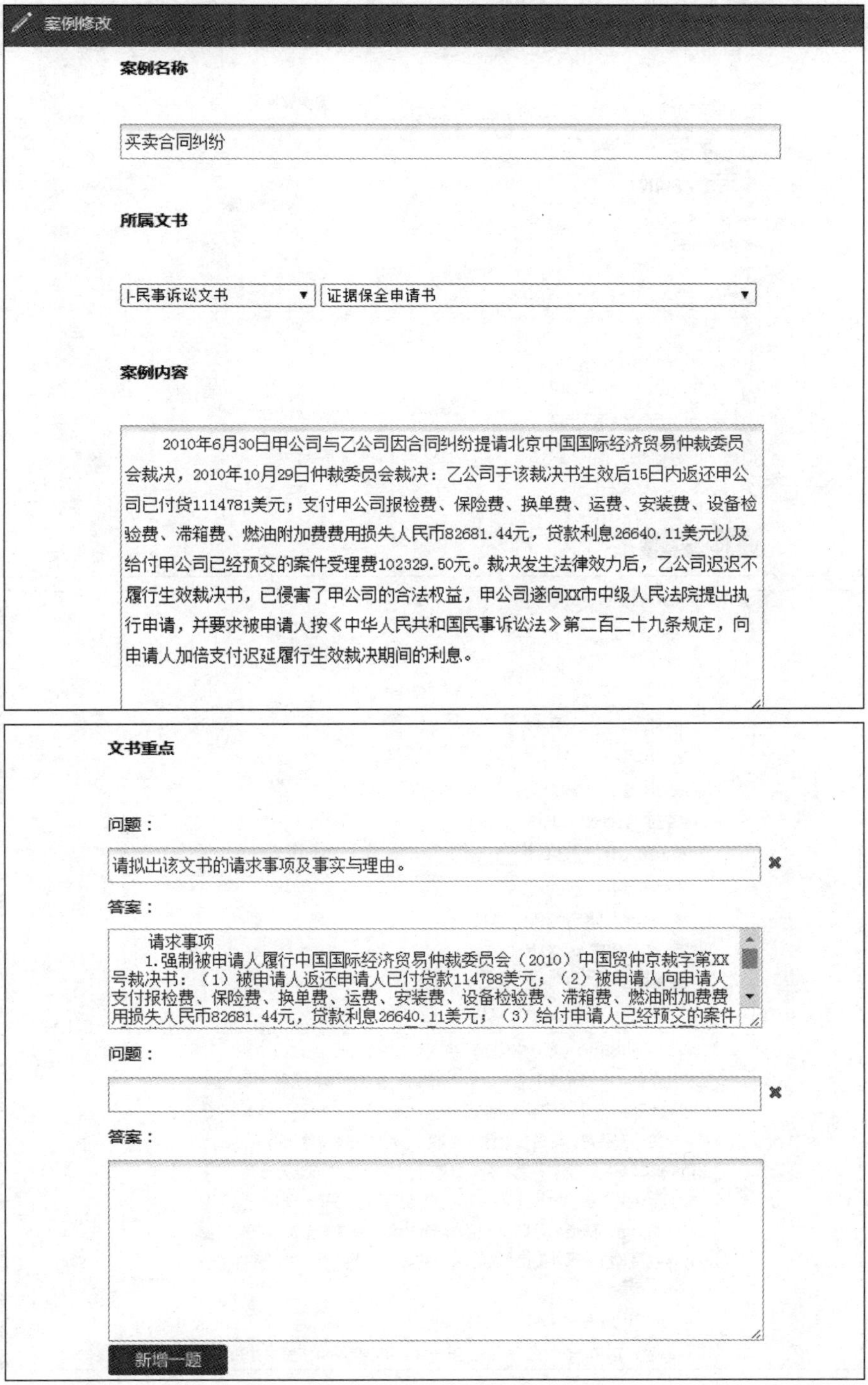

✎ 案例修改

案例名称

买卖合同纠纷

所属文书

| I-民事诉讼文书 ▼ | 证据保全申请书 ▼ |

案例内容

　　2010年6月30日甲公司与乙公司因合同纠纷提请北京中国国际经济贸易仲裁委员会裁决，2010年10月29日仲裁委员会裁决：乙公司于该裁决书生效后15日内返还甲公司已付货1114781美元；支付甲公司报检费、保险费、换单费、运费、安装费、设备检验费、滞箱费、燃油附加费费用损失人民币82681.44元，贷款利息26640.11美元以及给付甲公司已经预交的案件受理费102329.50元。裁决发生法律效力后，乙公司迟迟不履行生效裁决书，已侵害了甲公司的合法权益，甲公司遂向XX市中级人民法院提出执行申请，并要求被申请人按《中华人民共和国民事诉讼法》第二百二十九条规定，向申请人加倍支付迟延履行生效裁决期间的利息。

文书重点

问题：

请拟出该文书的请求事项及事实与理由。　　　　　　　✖

答案：

　　请求事项
　　1.强制被申请人履行中国国际经济贸易仲裁委员会（2010）中国贸仲京裁字第XX号裁决书：（1）被申请人返还申请人已付货款114788美元；（2）被申请人向申请人支付报检费、保险费、换单费、运费、安装费、设备检验费、滞箱费、燃油附加费费用损失人民币82681.44元，贷款利息26640.11美元；（3）给付申请人已经预交的案件

问题：

　　　　　　　　　　　　　　　　　　　　　　　　　✖

答案：

新增一题

图 5-22　管理员修改案例界面

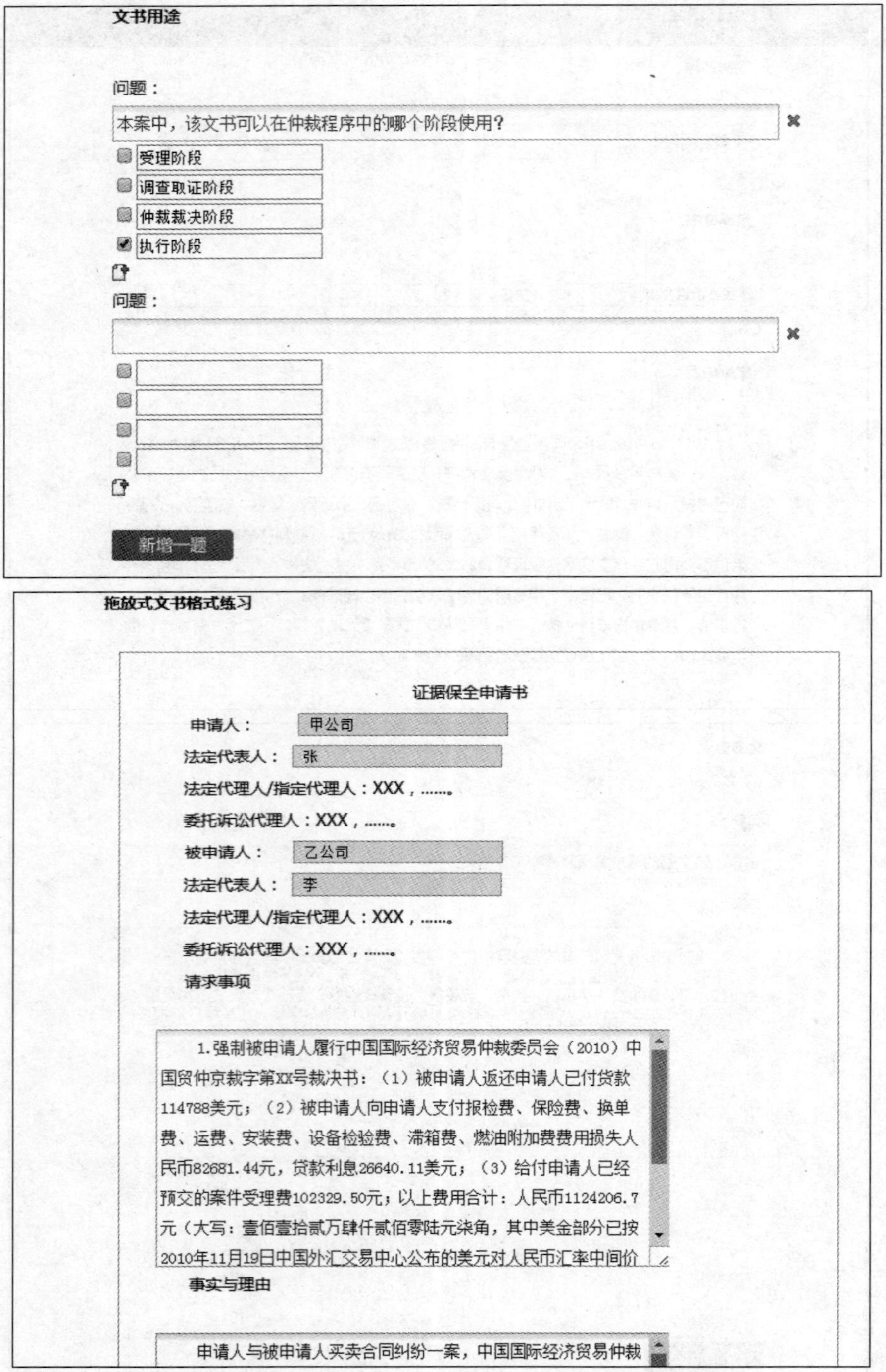

文书用途

问题：

本案中，该文书可以在仲裁程序中的哪个阶段使用？ ✖

☐ 受理阶段

☐ 调查取证阶段

☐ 仲裁裁决阶段

☑ 执行阶段

问题：

✖

☐

☐

☐

☐

新增一题

拖放式文书格式练习

证据保全申请书

申请人： 甲公司

法定代表人： 张

法定代理人/指定代理人：XXX，……。

委托诉讼代理人：XXX，……。

被申请人： 乙公司

法定代表人： 李

法定代理人/指定代理人：XXX，……。

委托诉讼代理人：XXX，……。

请求事项

　　1.强制被申请人履行中国国际经济贸易仲裁委员会（2010）中国贸仲京裁字第XX号裁决书：（1）被申请人返还申请人已付货款114788美元；（2）被申请人向申请人支付报检费、保险费、换单费、运费、安装费、设备检验费、滞箱费、燃油附加费费用损失人民币82681.44元，贷款利息26640.11美元；（3）给付申请人已经预交的案件受理费102329.50元；以上费用合计：人民币1124206.7元（大写：壹佰壹拾贰万肆仟贰佰零陆元柒角，其中美金部分已按2010年11月19日中国外汇交易中心公布的美元对人民币汇率中间价

事实与理由

　　申请人与被申请人买卖合同纠纷一案，中国国际经济贸易仲裁

图 5-22 （续）

填空式文书格式练习

证据保全申请书

申请人：　甲公司

法定代表人：张

法定代理人/指定代理人：XXX，……。

委托诉讼代理人：XXX，……。

被申请人：　乙公司

法定代表人：李

法定代理人/指定代理人：XXX，……。

委托诉讼代理人：XXX，……。

请求事项

　　1.强制被申请人履行中国国际经济贸易仲裁委员会（2010）中国贸仲京裁字第XX号裁决书：（1）被申请人返还申请人已付货款114788美元；（2）被申请人向申请人支付报检费、保险费、换单费、运费、安装费、设备检验费、滞箱费、燃油附加费费用损失人民币82681.44元，贷款利息26640.11美元；（3）给付申请人已经预交的案件受理费102329.50元；以上费用合计：人民币1124206.7元（大写：壹佰壹拾贰万肆仟贰佰零陆元柒角，其中美金部分已按2010年11月19日中国外汇交易中心公布的美元对人民币汇率中间价

事实与理由

　　申请人与被申请人买卖合同纠纷一案，中国国际经济贸易仲裁

图 5-22　（续）

（2）删除案例

　　在列表页面单击某一行"操作"列的【删除】,将出现是否删除对话框,单击对话框的【确定】按钮将该案例删除,单击对话框的【取消】将取消此删除操作,如图 5-23：

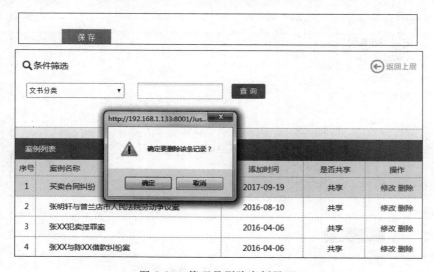

图 5-23　管理员删除案例界面

（3）添加案例

要添加案例可以单击左边菜单中的【案例添加】进入添加案例页面，如图 5-24：

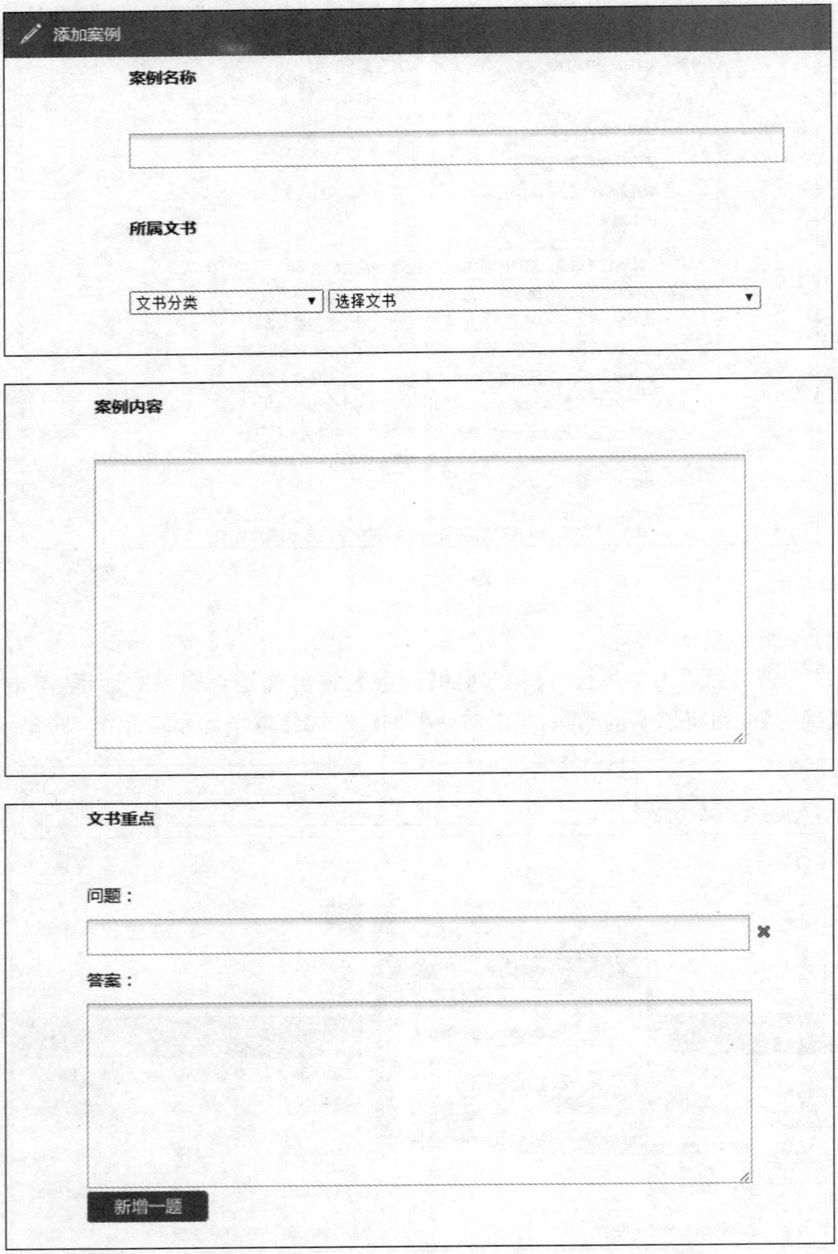

图 5-24　管理员添加案例界面

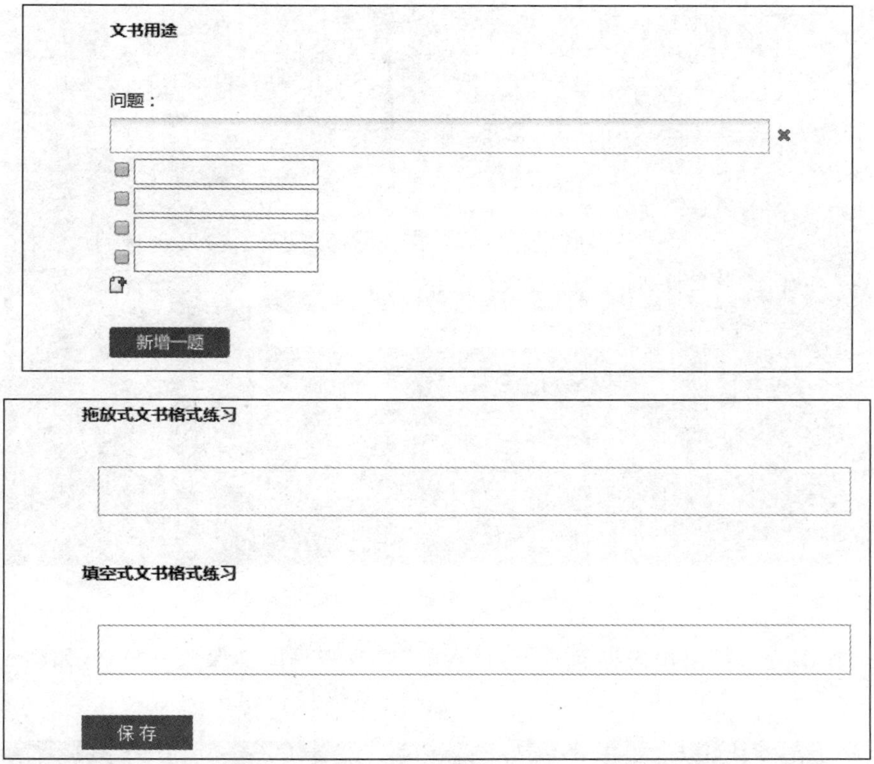

文书用途

问题：

新增一题

拖放式文书格式练习

填空式文书格式练习

保存

图 5-24　（续）

　　输入案例名称、选择所属文书、输入案例内容、文书重点、文书用途、拖放式文书格式练习、填空式文书格式练习，单击【保存】完成案例添加。

5.2　教　师　篇

　　教师端口设置的目的主要为了方便用户及开发者进行账户管理、系统配置以及一些基础数据的管理。教师端主要负责实验管理、实验考核、案件管理以及学生班级的账户管理，同时具有上传优秀参考视频、知识库、文书写作管理等功能。

　　进入本平台的登录主页面，如图 5-25 所示。

　　【教师端功能】：实验管理、实验考核、案件管理、学生班级、参考视频、知识库、文书写作。同时页面下方附有庭审直播网和北大法宝等资源链接。

　　填写用户名和密码，单击【登录】按钮。进入教师端，显示页面如图 5-26：

图 5-25　教师登录界面

（注：首次登录可以单击界面右上角"教师"修改密码以确保账户安全，如图 5-26
所示。）

图 5-26　教师操作界面

5.2.1　实验管理

实验管理可以添加社会救济实验、法院实验、公安实验、检察院实验、行政与劳动仲裁实验,还可以通过条件筛选查询,同时可以对添加完的实验进行查看、编辑并结束实验。

在教师端主页面单击【实验管理】,进入实验管理页面,默认打开【实验库】页面,如图 5-27:

图 5-27　教师实验管理界面

【实验库】显示实验库里的实验,可对其进行详情查看、编辑或结束实验。

(1) 查看、编辑实验

图中有"实验状态",单击详情可以查看实验信息;单击编辑,进入编辑实验,即对添加完成的实验进行修改,步骤同添加实验(具体参考下文添加实验)。

(2) 结束实验

如果要结束实验,单击【结束】按钮,如图 5-28 所示。

结束后实验将不可操作但可再次开启,确定要结束,单击【确定】结束实验;单击【取消】则返回实验库页面。

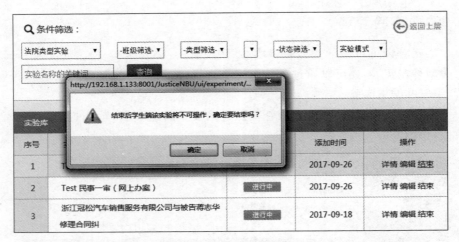

图 5-28　教师结束实验界面

（3）查询实验

上边菜单栏里有实验查询功能，填写查询实验信息，单击【查询】，即可完成此操作，如图 5-29 所示：

图 5-29　教师查询实验界面

（4）添加实验

如何添加实验（以添加法院实验为例）：

添加法院实验有 5 个步骤，单击左边菜单栏【添加法院实验】进入添加法院实验操作页面。

第一步填写"基本信息"，页面如图 5-30 所示。

依次填写完实验名称、使用班级、选择案件、选择实验模式、案号、受理法院和实验说明等基本信息后，单击【下一步】进入下一个操作环节。

第二步"打分设置"，页面如图 5-31 所示。

首先根据实际案情及需要勾选流程步骤得分点，最多可以选择 10 个作为评分点，如果不选择则默认全部得分。其次，填写实验完成的基准时间，用时越少得分越多。打分设置完成后单击【上一步】返回上一层；单击【下一步】进入下一个操作环节。

第三步"角色分配"，如图 5-32 所示。

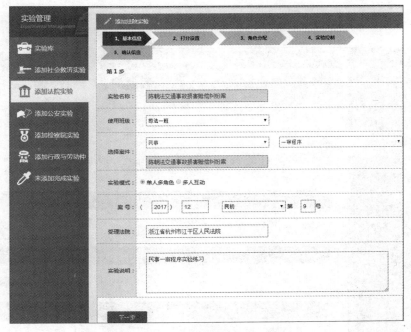

图 5-30　教师添加法院实验基本信息界面

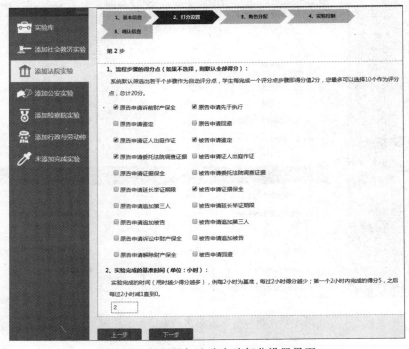

图 5-31　教师添加法院实验打分设置界面

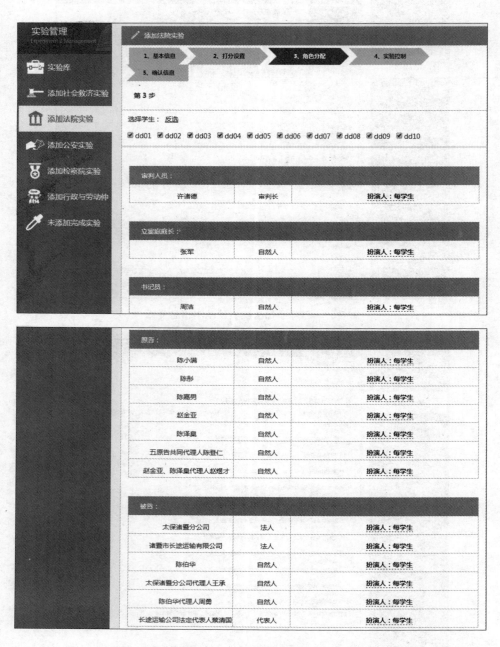

图 5-32　教师添加法院实验角色分配界面

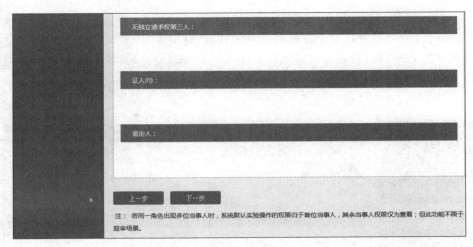

图 5-32 （续）

　　教师根据实际需要选择参与实验的学生,并安排学生扮演的角色。若实验模式为"单人多角色"则默认每个学生扮演所有角色;若实验模式为"多人互动",则老师可以对学生进行实验角色安排。填写角色分配后,单击【上一步】返回上一层,单击【下一步】进入下一个操作环节。

　　第四步"实验控制",如图 5-33 所示:

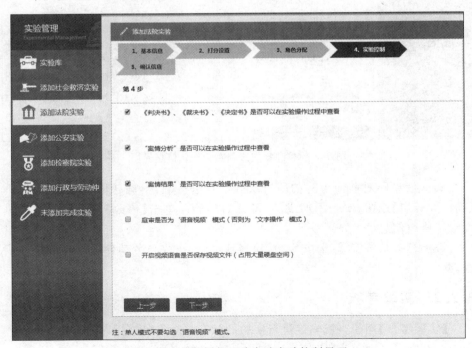

图 5-33　教师添加法院实验实验控制界面

　　教师根据需要和教学目的，灵活控制实验相关因素，如《判决书》"案情分析""案情结果"等材料是否在实验过程中开放，庭审为"语音模式"还是"文字操作模式"，若开启语音是否保存视频文件等等。填写完毕后，单击【上一步】返回上一层，单击【下一步】进入下一个操作环节。

　　第五步"确认信息"，如图 5-34 所示：

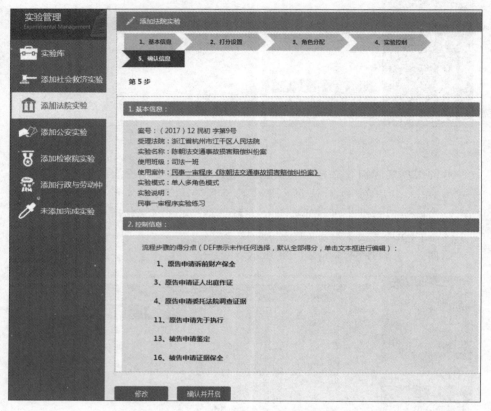

图 5-34　教师添加法院实验确认信息界面

　　确认信息即对前面填写的所有实验信息进行确认，确认信息无误后，单击【确认并开启】按钮，实验添加成功，可开启实验。单击【修改】则返回上一层页面继续修改信息。

　　添加社会救济实验、公安实验、检察院实验、行政与劳动仲裁实验的操作流程，同上。

5.2.2　实验考核

　　【实验考核】用于查看学生进行实验的状态并对实验进行评分。

　　在教师端页面单击【实验考核】进入实验考核页面，如图 5-35 所示：

图 5-35　教师实验考核界面

　　默认进入后显示的为实验评分列表，实验考核分为三部分：实验评分、查询统计、成绩导出。

1. 实验评分

　　单击左边菜单栏里【实验评分】进入实验评分页面，如图 5-36 所示。

　　（1）评分

　　实验评分可以查看学生进行实验的状态和对实验进行评分；单击【评分】进入评分页面，如图 5-37 所示。

　　单击"操作"列中的【评分】，即对实验进行评分；如图 5-38 所示。

　　依次填入分数和评语后，单击【确定】，如图 5-39 所示。

序号	实验名称	实验状态	实验创建日期	操作
1	Test 行政一审（网上办案）	进行中	2017-09-26	评分
2	Test 民事一审（网上办案）	进行中	2017-09-26	评分
3	浙江冠松汽车销售服务有限公司与被告蒋志华修理合同纠	进行中	2017-09-18	评分
4	陈朝法交通事故损害赔偿纠纷案	进行中	2017-09-12	评分
5	余某梓犯贩卖毒品罪	进行中	2017-09-12	评分
6	天长市人口和计划生育委员会申请对王某云、戴某梅强制	进行中	2017-09-12	评分
7	申请人××房地产开发有限公司与被申请人××大厦有限	进行中	2017-09-12	评分
8	黄某掩饰、隐瞒犯罪所得案	进行中	2017-09-12	评分
9	张水林盗窃案17	进行中	2017-08-25	评分
10	浙江冠松汽车销售服务有限公司与被告蒋志华修理合同纠	进行中	2017-08-17	评分
11	陈宛根过失致人重伤一案	进行中	2017-08-09	评分
12	逸坤物流交通事故纠纷案	进行中	2017-08-09	评分
13	申请人建德市某某物资有限公司申请温州市某某小商品批	进行中	2017-08-09	评分
14	王三强奸幼女案	进行中	2017-08-01	评分
15	江西证监局对中磊公司等作出了行政处罚	进行中	2017-07-27	评分

图 5-36　教师实验评分界面

序号	操作人	评分状态	开始时间	结束时间	操作
1	dd01 (dd01)	未评分	2017-9-18 14:25:45	2017-9-18 14:27:41	评分 导出文书 重置流程图
2	dd02 (dd02)	未评分	2017-9-18 14:28:24	未完成	评分 导出文书 重置流程图

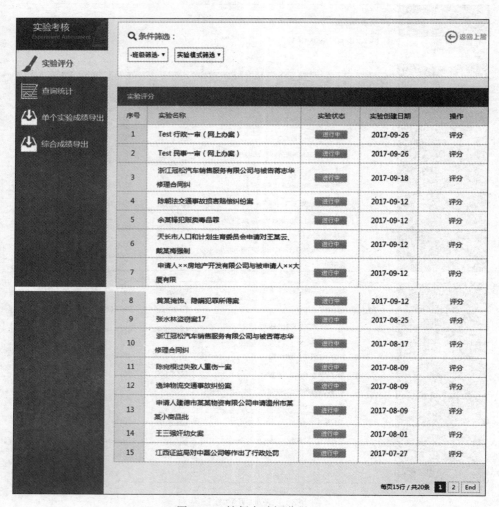

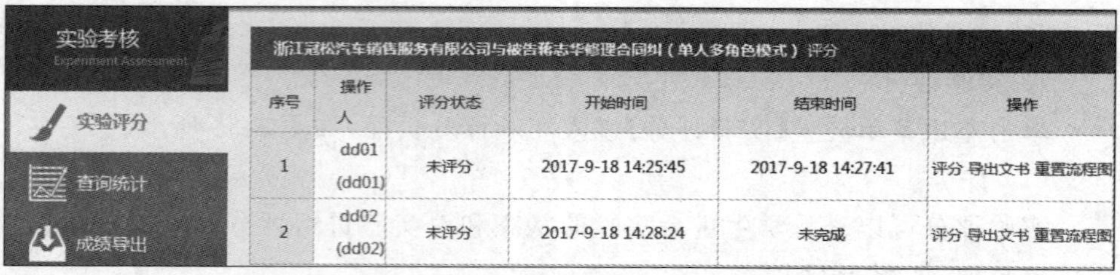

图 5-37　教师评分界面

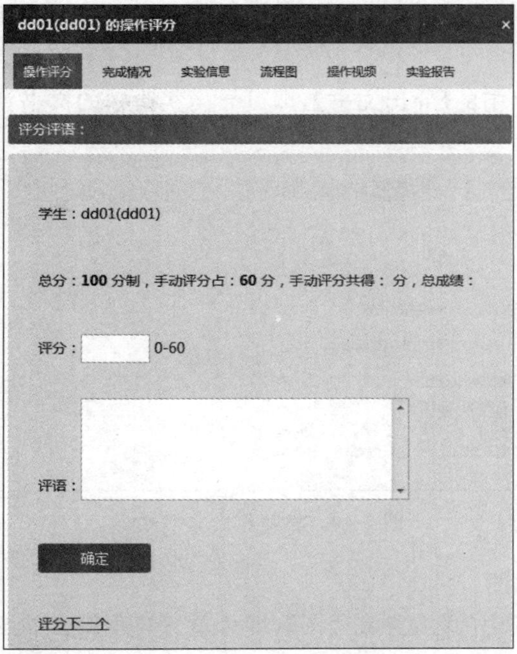

图 5-38　教师操作评分界面

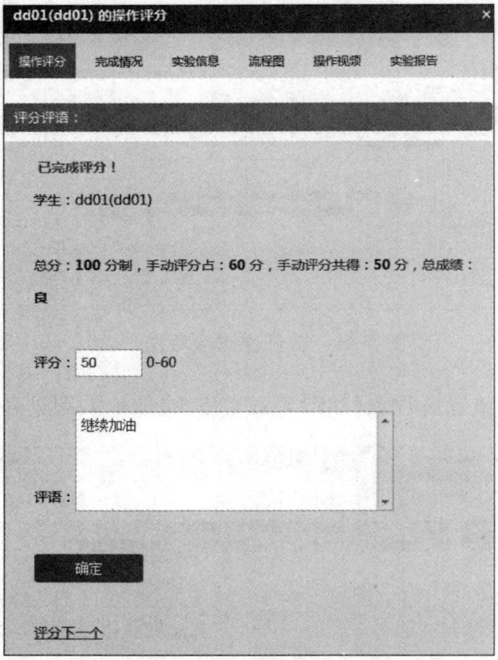

图 5-39　教师完成评分界面

单击【评分下一个】，即可对其他学生进行打分。

（2）导出文书

单击"操作"列中的【导出文书】，即可导出实验中的文书。如图 5-40 所示：

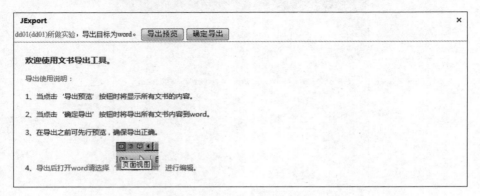

图 5-40   教师导出文书界面

（3）重置流程图

单击"操作"列中的【重置流程图】，即可重置流程图。如图 5-41 所示：

图 5-41   教师重置流程图界面

单击【确定】，即重置流程图（如图 5-42），单击【取消】，则进入【实验考核】页面。

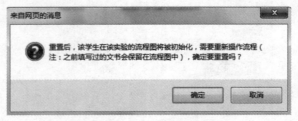

图 5-42   教师重置流程图弹出窗口

2. 查询统计

左边菜单栏里单击【查询统计】，进入查询统计页面，如下图 5-43 所示：

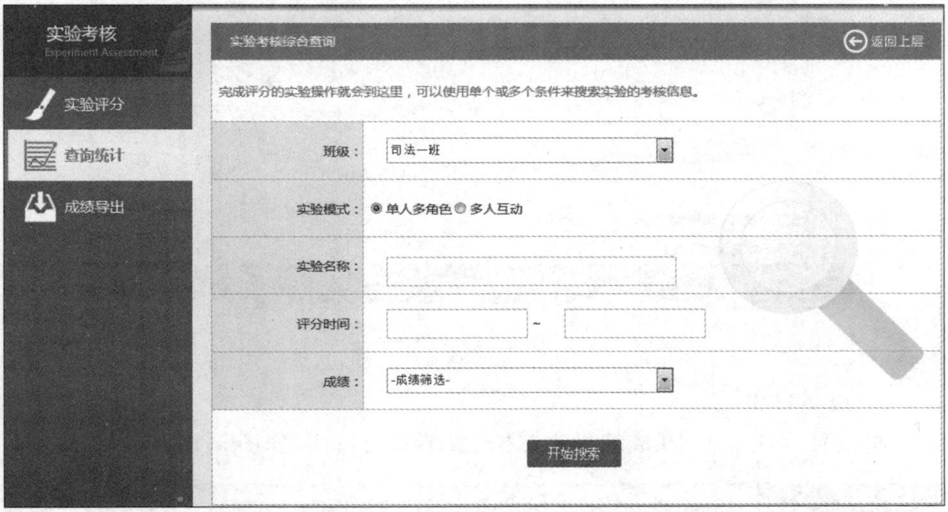

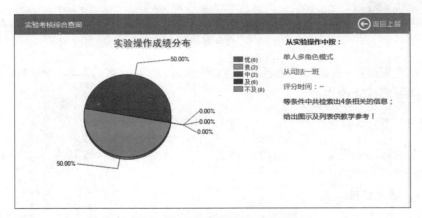

图 5-43　教师查询统计成绩界面

在此页面中，选择学生所在班级，实验模式，填写实验名称以及评分时间，再进行成绩筛选，单击【开始搜索】，即可完成此操作，查询结果示例如图 5-44 所示：

图 5-44　教师查询成绩结果显示界面

查询结果：						
序号	实验名称	班级	学生/组别	得分	成绩	评分时间
1	中国人民银行诸暨支行借款合同纠纷	司法一班	dd01(dd01)	74	中	2017-05-26
2	江西证监局对中磊公司等作出了行政处罚	司法一班	dd01(dd01)	72	中	2017-09-12
3	江西证监局对中磊公司等作出了行政处罚	司法一班	dd02(dd02)	82	良	2017-09-12
4	浙江冠松汽车销售服务有限公司与被吉蒋志华修理合同纠	司法一班	dd01(dd01)	87	良	2017-09-18
总分：100，平均分：78，平均成绩：中						

图 5-44   （续）

3. 成绩导出

左边菜单栏里单击【成绩导出】进入成绩导出页面，如图 5-45 所示：

图 5-45   教师导出成绩界面

在此页面中，选择要导出的班级、实验模式、结束的实验名称，单击【开始导出】，即可完成此操作。

5.2.3   案件管理

在教师端主页面单击【案件管理】进入案件管理页面（默认显示案件库页面），如图 5-46 所示。

1. 添加案件

（1）查看案件

左边菜单栏是案件管理的功能管理：添加社会救济案件、添加法院案件、添加检察院案件、添加公安案件、添加行政与劳动仲裁案件，以及查看案件。如图 5-47 所示。

图 5-46 教师案件管理界面

图 5-47 教师添加案件分类界面

上边是通过条件筛选，查询案件，如图 5-48 所示。

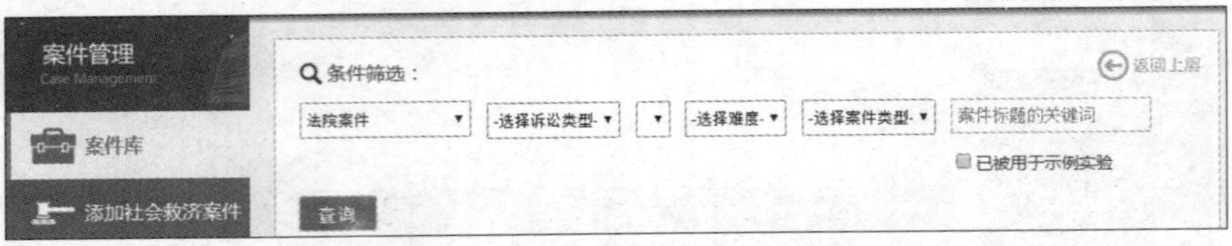

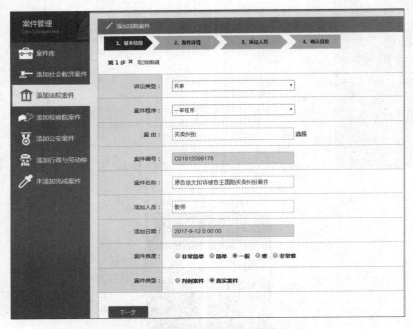

图 5-48　教师筛选案件界面

（2）添加案件

如何添加案件（以添加法院案件为例）：

添加法院案件有 4 个步骤，单击左边菜单栏【添加法院案件】进入添加法院案件操作页面。

第一步填写"基本信息"，页面如图 5-49 所示：

图 5-49　教师添加法院案件基本信息界面

注意：

1. 案件难度关系到系统自动评分，难度越大，则案件默认分数越高，实验结果分数也就越高。如：难度非常简单为 1 分，非常难为 5 分；

2. "判例案件"是指审判案例要览中的案件，"真实案件"是指附带真实案件材料的案件。

填写基本信息：选择诉讼类型、案件程序、案由、案件编号、案件名称、添加人员、添加日期,选择案件难度(注意:1. 案件难度关系到系统自动评分,难度越大,则案件默认分数越高,实验结果分数也就越高。如:难度非常简单为 1 分,非常难为 5 分;2. "判例案件"是指审判案例要览中的案件,"真实案件"是指附带真实案件材料的案件。)、案件类型后,单击【下一步】进入下一操作环节。

第二步填写"案件详情",页面如图 5-50 所示:

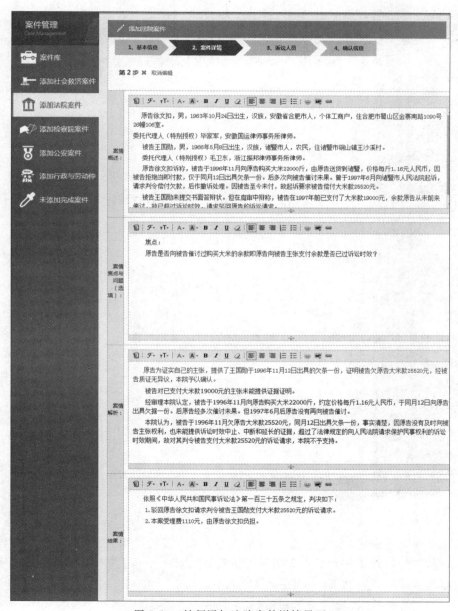

图 5-50　教师添加法院案件详情界面

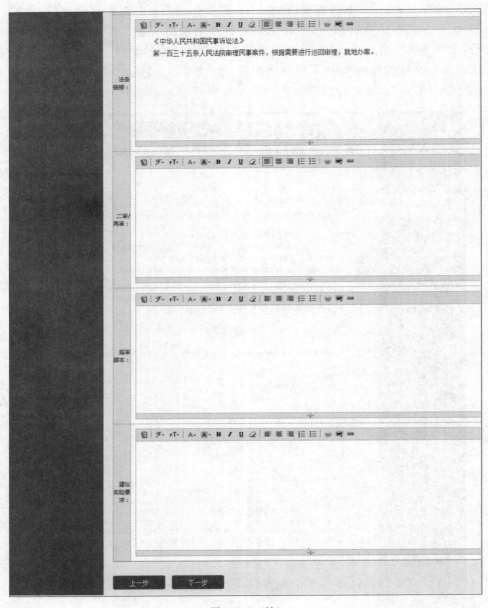

图 5-50 （续）

填写案情概述、案情焦点与问题、案情解析、案情结果、法条链接、二审/再审、庭审脚本、建议实验要求等案件详情后，单击【上一步】进入上一操作环节重新更改或填写，单击【下一步】进入下一操作环节。

第三步添加"诉讼人员"，如图 5-51 所示：

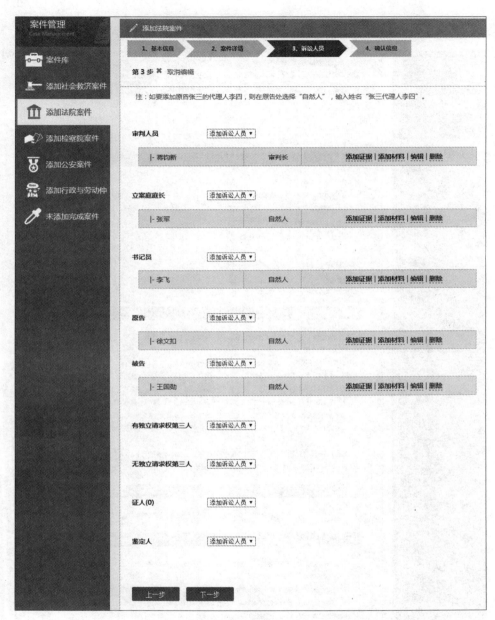

图 5-51 教师添加法院案件诉讼人员界面

根据案情,按要求依次填写诉讼人员信息、证据和相关材料,填写完成后,单击【上一步】进入上一操作环节,单击【下一步】进入下一操作环节。

第四步"确认信息",如图 5-52:

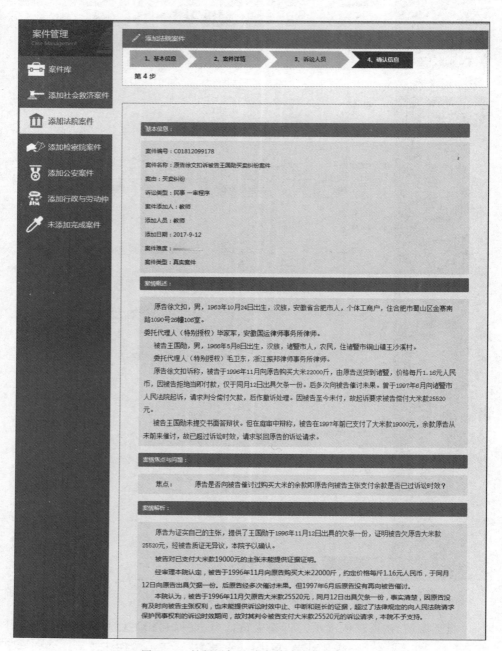

图 5-52　教师添加法院案件确认信息界面

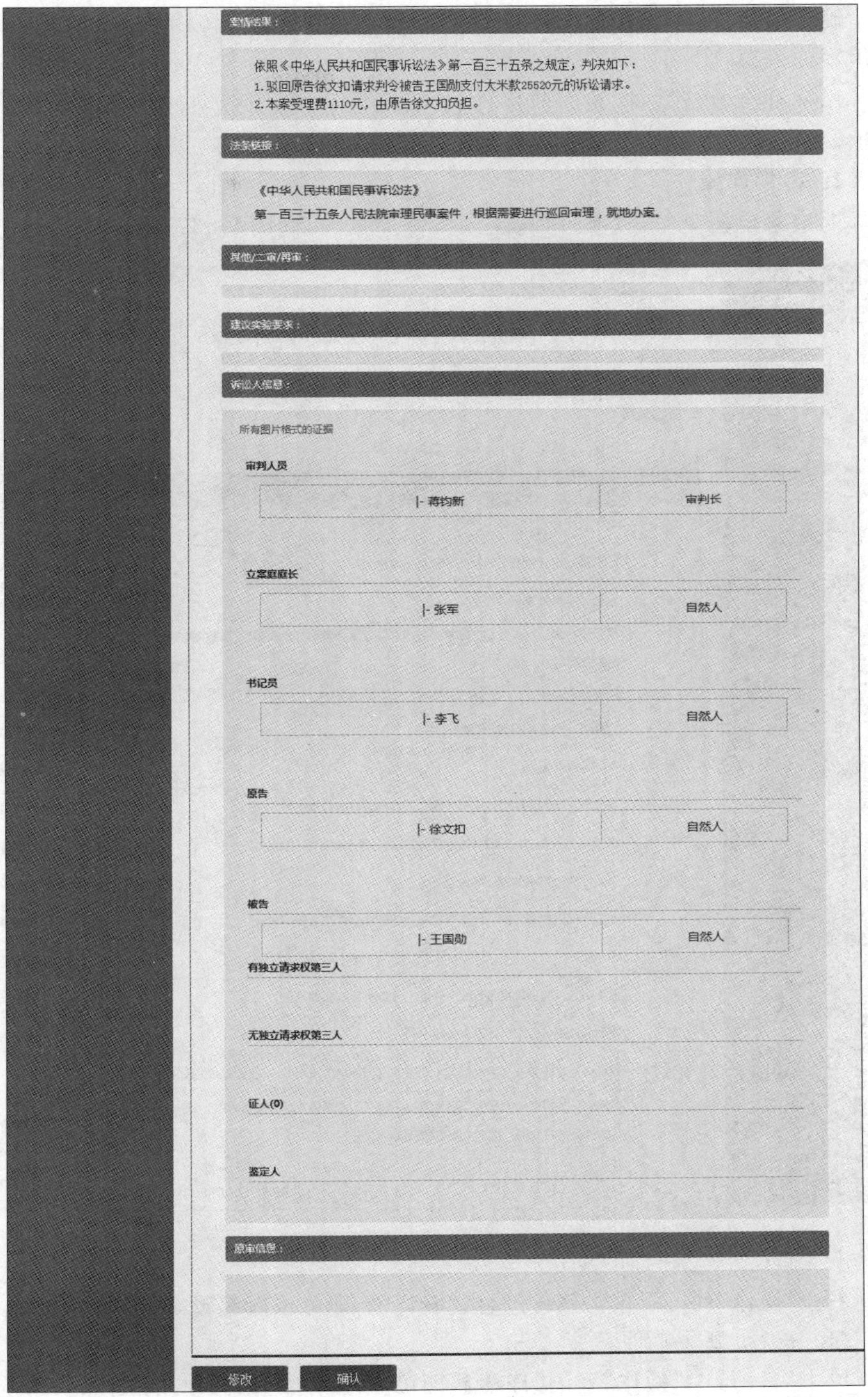

案情结果：

依照《中华人民共和国民事诉讼法》第一百三十五条之规定，判决如下：
1. 驳回原告徐文扣请求判令被告王国励支付大米款25520元的诉讼请求。
2. 本案受理费1110元，由原告徐文扣负担。

法律根据：

《中华人民共和国民事诉讼法》
第一百三十五条人民法院审理民事案件，根据需要进行巡回审理，就地办案。

其他/二审/再审：

建议实验要求：

诉讼人信息：

所有图片格式的证据

审判人员

|- 蒋钧新	审判长

立案庭庭长

|- 张军	自然人

书记员

|- 李飞	自然人

原告

|- 徐文扣	自然人

被告

|- 王国励	自然人

有独立请求权第三人

无独立请求权第三人

证人(0)

鉴定人

原审信息：

修改　确认

图 5-52　（续）

确认信息后，单击【确认】则案件添加成功。单击【修改】则返回上层页面重新填写或修改。

添加社会救济案件、检察院案件、公安案件、行政与劳动仲裁案件操作流程同上。

2. 案件库操作

上边菜单栏里单击【案件库】进入案件库页面，如图 5-53：

图 5-53　教师案件库显示界面

右边"操作"列可以单击案件进行查看详情，删除或者编辑案件，如图 5-54。

（1）查看、删除案件

单击某一行中"操作"列的【详情】，即可显示案件信息；单击【删除】，系统将出现是否删除对话框，如图 5-55。

图 5-54　教师案件操作界面

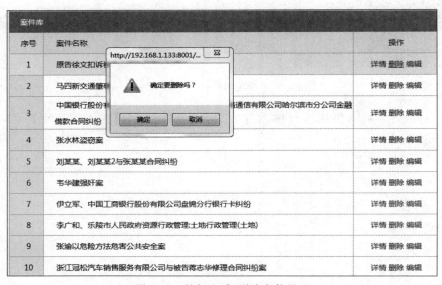

图 5-55　教师查看、删除案件界面

单击对话框中【确定】按钮,案件删除成功;单击【取消】按钮,则返回案件库页面。

（2）编辑案件

单击某一行中"操作"列的【编辑】按钮,即可对案件信息进行编辑,如图 5-56：

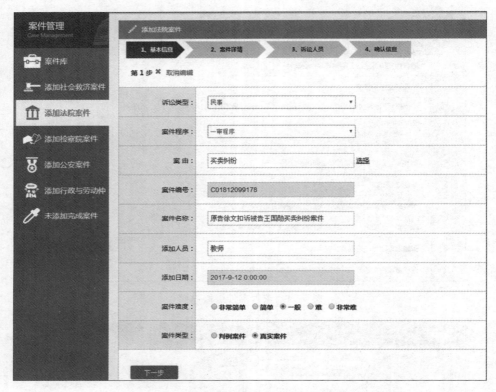

图 5-56　教师编辑案件基本信息界面

对原有的基本信息进行编辑完成后,单击【下一步】进入下一个环节,如图 5-57 所示。

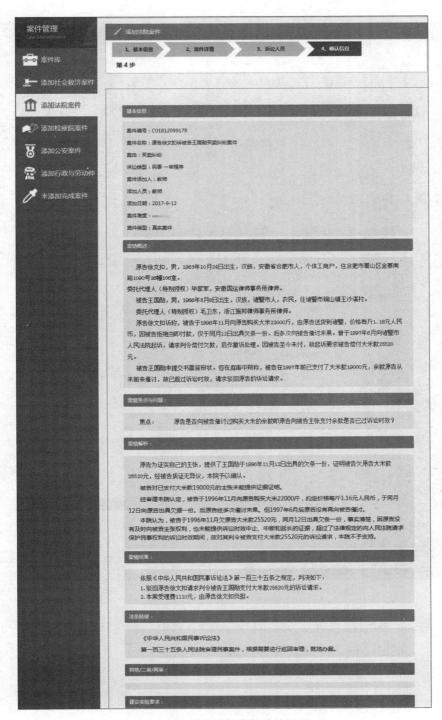

图 5-57　教师编辑案件确认界面

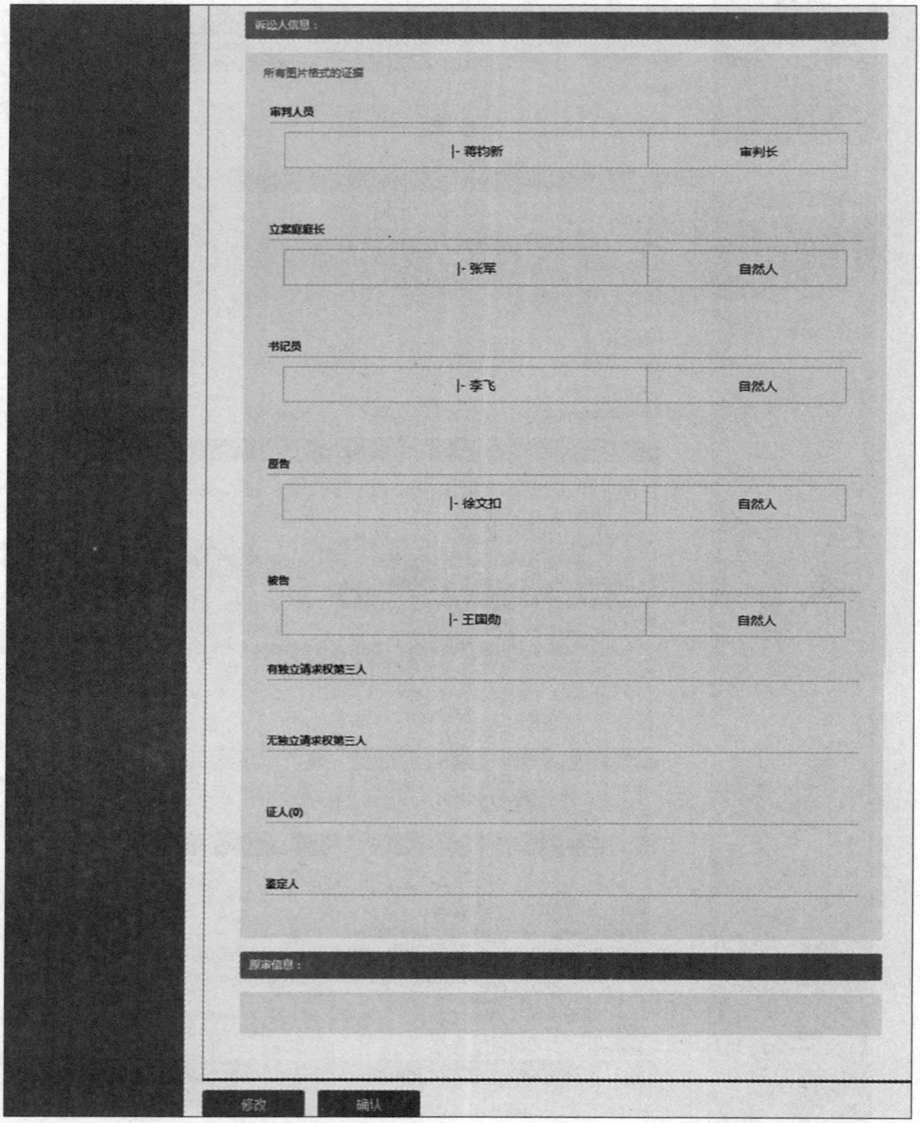

图 5-57 （续）

　　编辑需要填改的信息后，单击【上一步】返回上一操作环节；单击【下一步】进入下一操作环节，如图 5-58：

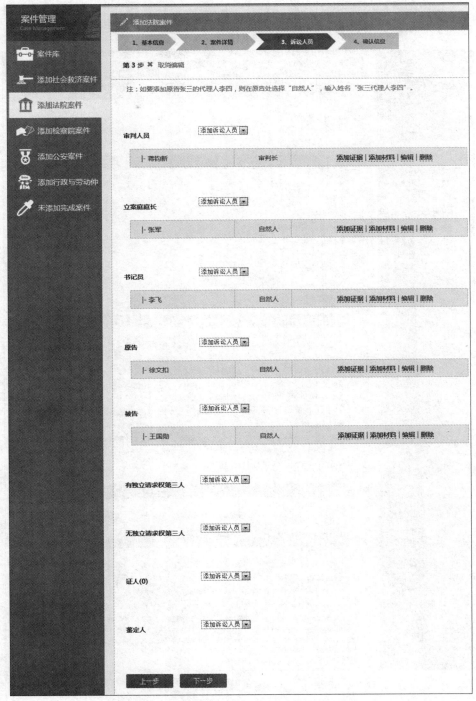

图 5-58　教师编辑案件修改诉讼人员信息界面

再次编辑需要填改信息，单击【上一步】进入上一操作环节；单击【下一步】进入下一操作环节，如图 5-59：

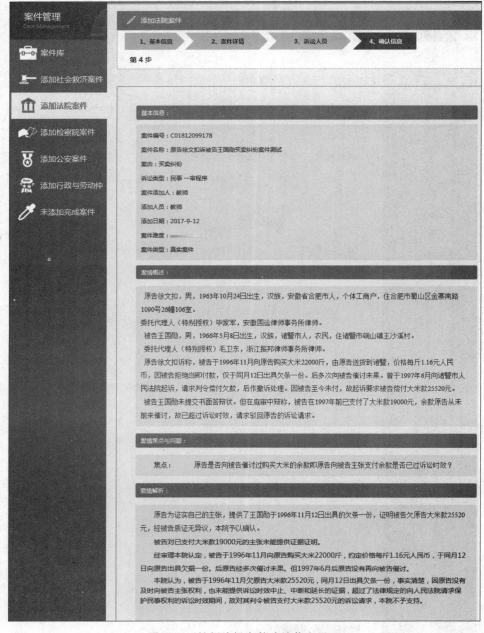

图 5-59 教师编辑案件确认信息界面

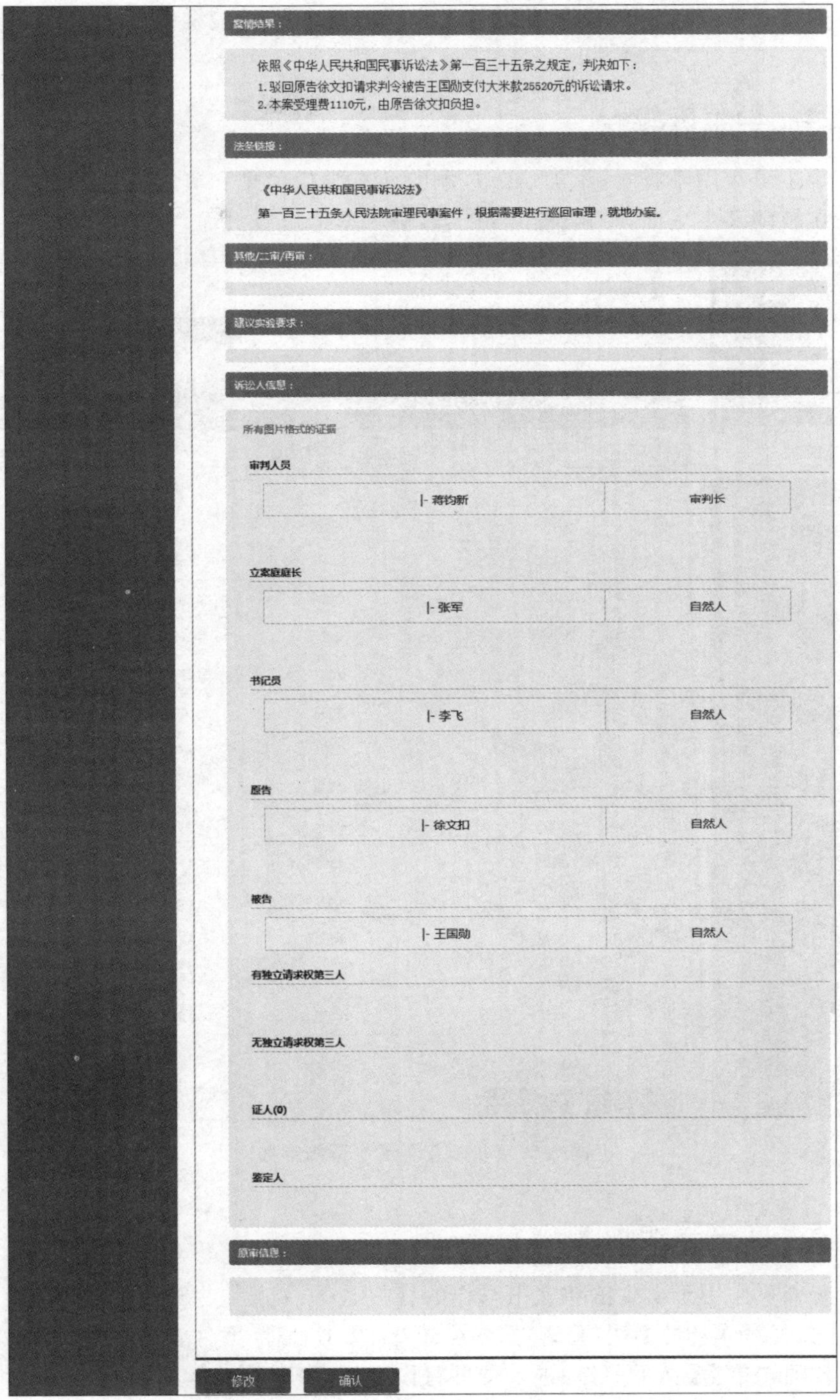

案情结果：

依照《中华人民共和国民事诉讼法》第一百三十五条之规定，判决如下：
1. 驳回原告徐文扣请求判令被告王国勋支付大米款25520元的诉讼请求。
2. 本案受理费1110元，由原告徐文扣负担。

法条链接：

《中华人民共和国民事诉讼法》
第一百三十五条人民法院审理民事案件，根据需要进行巡回审理，就地办案。

其他/二审/再审：

建议实施要求：

诉讼人信息：

所有图片格式的证据

审判人员

├ 蒋钧新	审判长

立案庭庭长

├ 张军	自然人

书记员

├ 李飞	自然人

原告

├ 徐文扣	自然人

被告

├ 王国勋	自然人

有独立请求权第三人

无独立请求权第三人

证人(0)

鉴定人

原审信息：

| 修改 | | 确认 |

图 5-59 （续）

确认完信息后,单击【确认】,完成编辑。单击【修改】继续返回上一个步骤修改。

5.2.4　学生班级

学生班级用于查看、添加、修改、删除所有学生信息和班级信息。

在教师端主页面,单击【学生班级】,进入学生班级页面,如图 5-60:

图 5-60　教师查看学生班级界面

5.2.5　文书写作

文书写作用于学生法律文书写作的练习。

【文书写作功能】:实验管理、学生班级、文书管理、案件管理、实验考核。

教师端单击【文书写作】进入文书写作页面,如图 5-61:

图 5-61 教师文书写作操作界面

1. 实验管理

实验管理主要用于添加、查询并编辑实验。

（1）查看、修改或删除实验

在文书写作主页面，单击实验管理，进入实验管理页面，默认打开【实验库】页面，【实验库】显示实验库里的实验，可对其进行详情查看、修改或删除实验，如图 5-62：

图 5-62 教师文书写作-实验管理界面

（2）添加实验

单击左边菜单栏【添加实验】进入添加实验页面，如图 5-63：

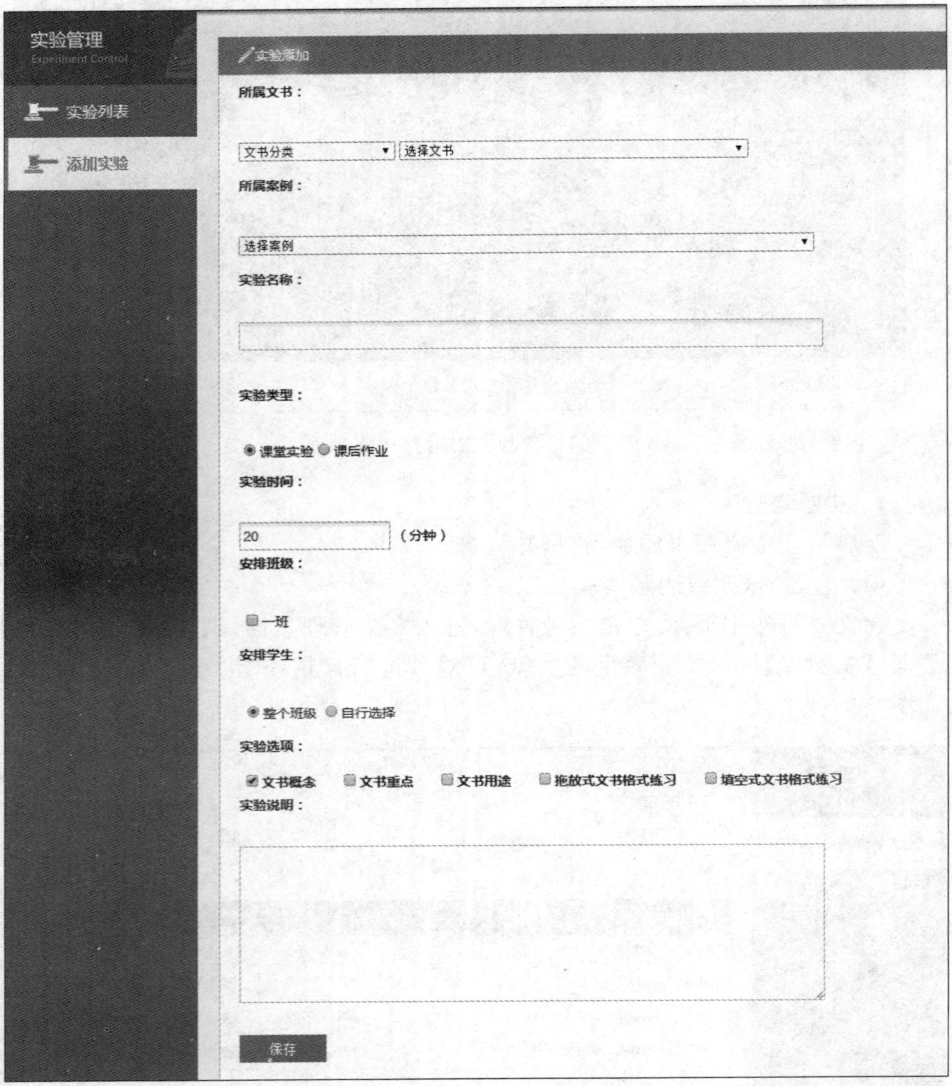

图 5-63　教师文书写作添加实验界面

教师根据课堂教学内容，根据需要依次填写实验项目，示例如图 5-64：

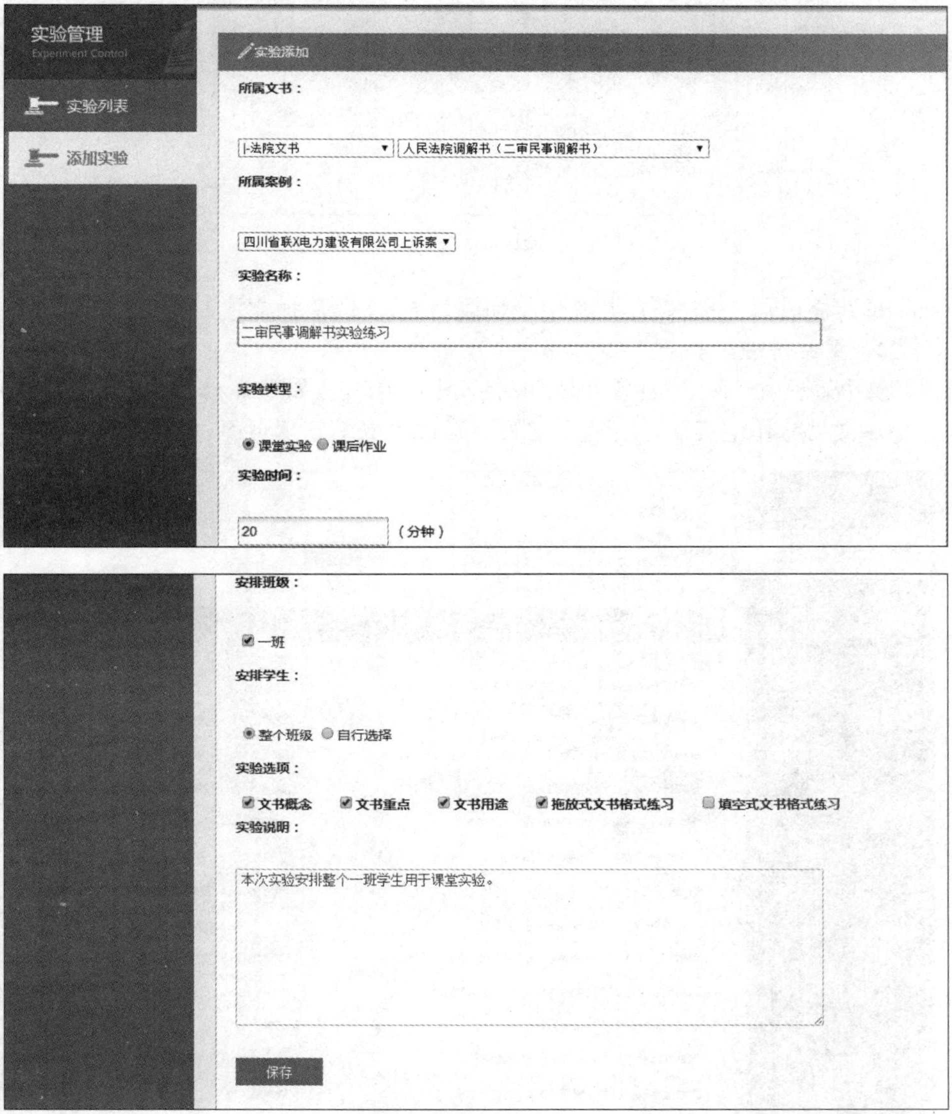

图 5-64　教师文书写作实验添加成功显示界面

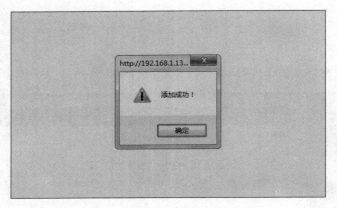

图 5-64 （续）

填写完成后，单击保存并确定添加成功后，实验添加完成。

2. 文书管理

文书管理用于管理学生端和教师端的文书内容，完成如添加、修改及删除等操作。

在文书写作主页面，单击【文书管理】，进入文书管理页面，如图 5-65：

图 5-65 教师文书写作-文书管理界面

（1）查看文书详情

默认进入后显示的为文书列表，单击某一行"操作"列的【详情】进入文书编辑页面，如图 5-66：

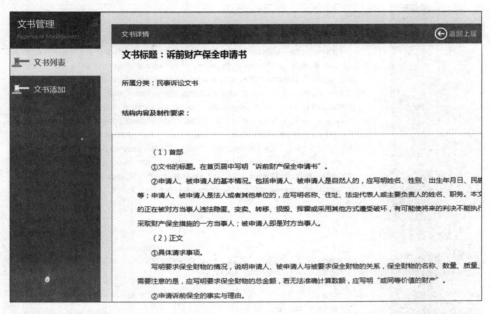

图 5-66　教师文书写作查看文书详情界面

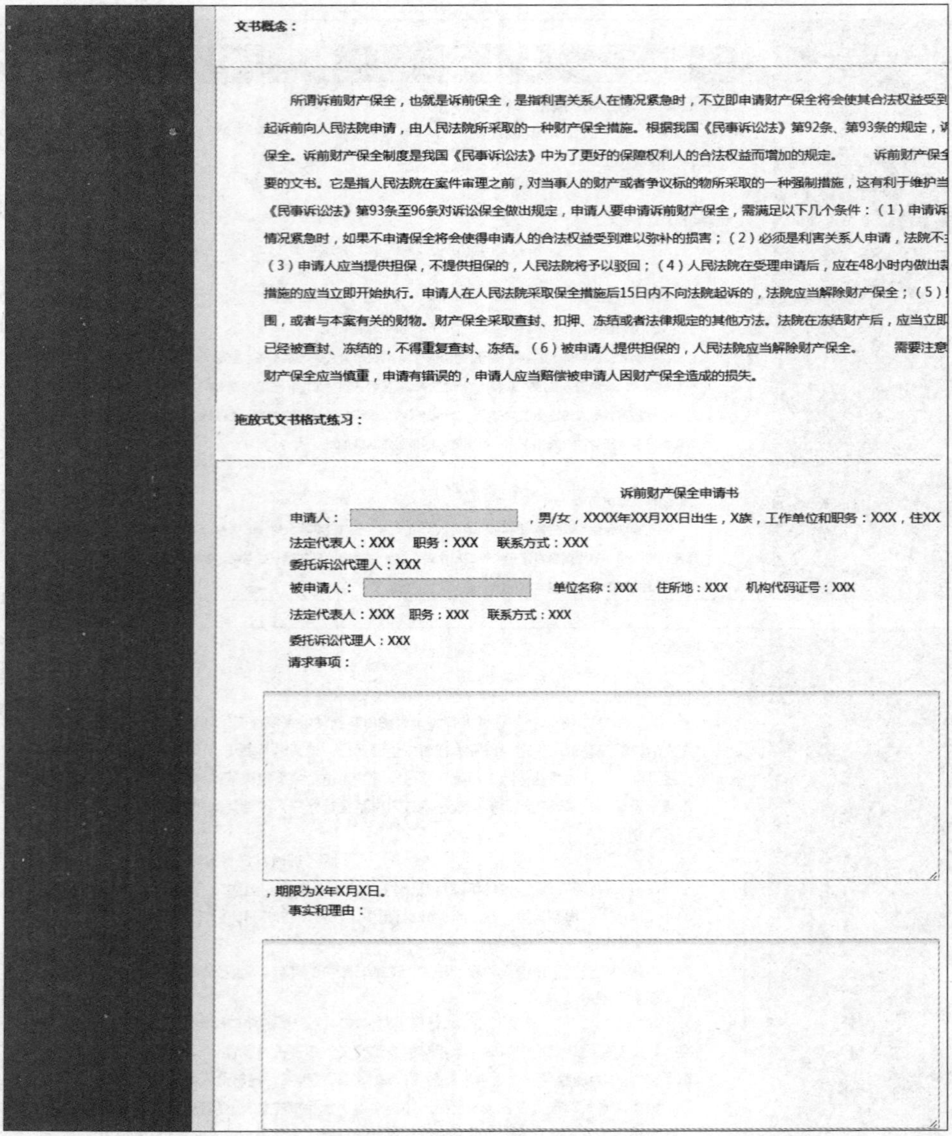

文书概念：

　　所谓诉前财产保全，也就是诉前保全，是指利害关系人在情况紧急时，不立即申请财产保全将会使其合法权益受到起诉前向人民法院申请，由人民法院所采取的一种财产保全措施。根据我国《民事诉讼法》第92条、第93条的规定，诉保全。诉前财产保全制度是我国《民事诉讼法》中为了更好的保障权利人的合法权益而增加的规定。　　诉前财产保全要的文书。它是指人民法院在案件审理之前，对当事人的财产或者争议标的物所采取的一种强制措施，这有利于维护当《民事诉讼法》第93条至96条对诉讼保全做出规定，申请人要申请诉前财产保全，需满足以下几个条件：（1）申请诉情况紧急时，如果不申请保全将会使得申请人的合法权益受到难以弥补的损害；（2）必须是利害关系人申请，法院不（3）申请人应当提供担保，不提供担保的，人民法院将予以驳回；（4）人民法院在受理申请后，应在48小时内做出裁措施的应当立即开始执行。申请人在人民法院采取保全措施后15日内不向法院起诉的，法院应当解除财产保全；（5）围，或者与本案有关的财物。财产保全采取查封、扣押、冻结或者法律规定的其他方法。法院在冻结财产后，应当立即已经被查封、冻结的，不得重复查封、冻结。（6）被申请人提供担保的，人民法院应当解除财产保全。　　需要注意财产保全应当慎重，申请有错误的，申请人应当赔偿被申请人因财产保全造成的损失。

拖放式文书格式练习：

诉前财产保全申请书

申请人： ＿＿＿＿＿＿ ，男/女，XXXX年XX月XX日出生，X族，工作单位和职务：XXX，住XX
法定代表人：XXX　职务：XXX　联系方式：XXX
委托诉讼代理人：XXX
被申请人： ＿＿＿＿＿＿ 单位名称：XXX　住所地：XXX　机构代码证号：XXX
法定代表人：XXX　职务：XXX　联系方式：XXX
委托诉讼代理人：XXX
请求事项：

＿＿＿

，期限为X年X月X日。
事实和理由：

＿＿＿

图 5-66　（续）

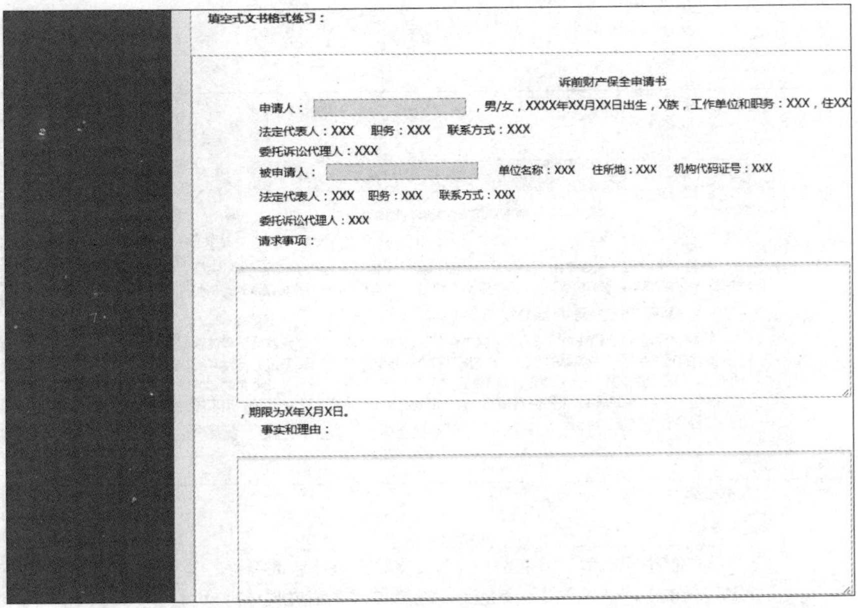

填空式文书格式练习：

诉前财产保全申请书

申请人：▭▭▭▭▭▭▭▭▭▭，男/女，XXXX年XX月XX日出生，X族，工作单位和职务：XXX，住XX

法定代表人：XXX 职务：XXX 联系方式：XXX

委托诉讼代理人：XXX

被申请人：▭▭▭▭▭▭ 单位名称：XXX 住所地：XXX 机构代码证号：XXX

法定代表人：XXX 职务：XXX 联系方式：XXX

委托诉讼代理人：XXX

请求事项：

，期限为X年X月X日。

事实和理由：

图 5-66 （续）

（2）编辑文书

在列表页面单击某一行"操作"列的【编辑】，进入文书编辑页面，如图 5-67：

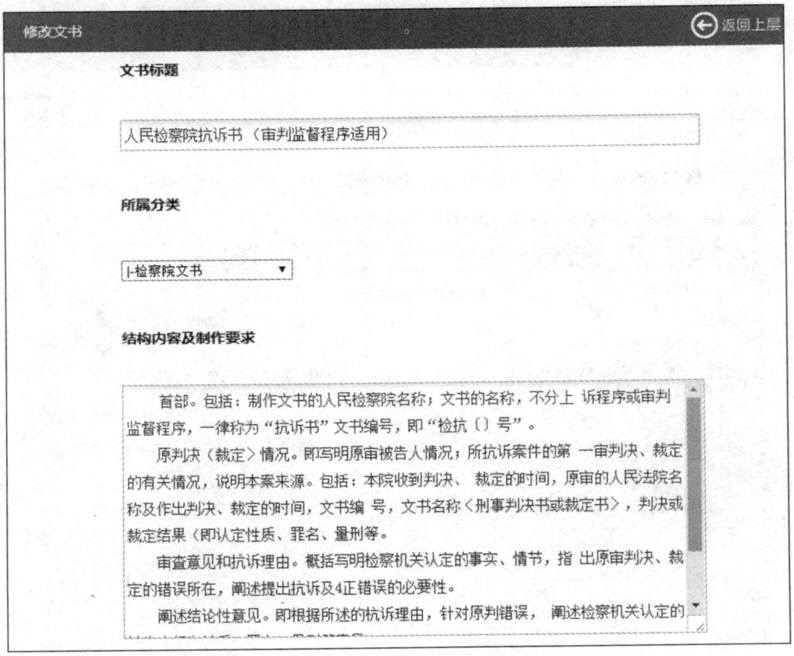

修改文书　　　　　　　　　　　　　　　　　　　　　　　⊙返回上层

文书标题

人民检察院抗诉书（审判监督程序适用）

所属分类

|-检察院文书　　　　　▼

结构内容及制作要求

首部。包括：制作文书的人民检察院名称；文书的名称，不分上 诉程序或审判监督程序，一律称为 "抗诉书" 文书编号，即 "检抗〔〕号"。

原判决（裁定〉情况。即写明原审被告人情况，所抗诉案件的第 一审判决、裁定的有关情况，说明本案来源。包括：本院收到判决、 裁定的时间，原审的人民法院名称及作出判决、裁定的时间，文书编 号，文书名称〈刑事判决书或裁定书〉，判决或裁定结果（即认定性质、罪名、量刑等。

审查意见和抗诉理由。概括写明检察机关认定的事实、情节，指 出原审判决、裁定的错误所在，阐述提出抗诉及4正错误的必要性。

阐述结论性意见。即根据所述的抗诉理由，针对原判错误， 阐述检察机关认定的

图 5-67 教师文书写作修改文书界面

文书示例

XX省XX市XX区人民检察院刑事抗诉书

X检（公）刑抗（2006）X号

XX省XX市XX区人民法院以（2006）126号刑事判决书对被告人贾XX贪污一案判决贾XX有期徒刑3年、缓刑5年。本院依法审查后认为，该判决认定事实不当、适用法律错误，理由如下：

一、一审判决认定共同贪污金额为8万元错误

贾XX伙同他人套取单位公款9万元，其中有1万元交纳了税款，交纳税款是原审被告人实现贪污目的的必然过程，是犯罪的手段。虽然原审被告人并未自己占有该1万元，但就其所在的单位来说，公款损失的是9万元，原审被告人实施贪污行为针对的是9万元，主观上也明知其行为会造成单位9万元公款的损失，根据主客观相一致的原则应当认定贪污金额为9万元，而不应当将税款以贪污金额扣除

文书概念

人民检察院是国家的法律监督机关，对人民法院的审判活动是否合法，有权实行监督。所谓刑事诉讼中的抗诉，就是指人民检察院对人民法院的生效判决和裁定，认为确有错误，按照法律规定的程序提请重新审判的诉讼活动。而人民检察院向人民法院提出抗诉时所制作的书面文件，即为抗诉书。

依人民检察院提出抗诉的对象不同，可将抗诉书分为两种：一种是按照上诉程序提出的抗诉，即在上诉期限内，人民检察院对同级人民法院的第一审裁判不服而提出的抗诉。另一种是按照审判监督程序提出的抗诉，即人民法院的判决或裁定已过上诉期限，发生了法律效力，最高人民检察院对最高人民法院或地方各级人民法院，上级人民检察院对下级人民法院的判决或裁定认为确有错误时所提出的抗诉。前一种抗诉

拖放式文书格式练习

格式为{iSub0:}，开始为"{iSub"加上数字最后以"：}"结尾"例如：{iSub0:}公安机关文书1，{iSub1:}公安机关文书2，{iSub2:}公安机关文书3"

人民检察院刑事抗诉书

检刑抗（XX）号

原审被告人:{iSub0:}

XX人民法院以XX号刑事判决书（裁定书）对被告人{iSub1:}一案判决（裁定）。经依法审查，本案的事实如下：

{tSub2:}

本院认为，该判决（裁定）确有错误—包括认定事实有误、适用法律不当、审判程序严重违法，理由如下：

{tSub3:}

图 5-67 （续）

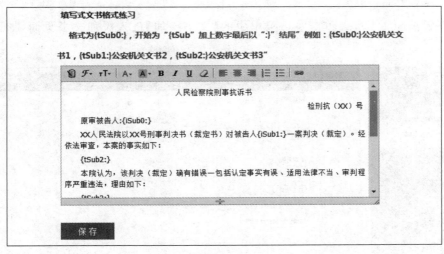

图 5-67　（续）

　　可以重新编辑文书标题和重新选择所属分类、结构内容及制作要求、文书示例、文书概念、拖放式文书格式练习、填空式文书格式练习，单击【保存】完成文书编辑。

　　（3）删除文书

　　在列表页面单击某一行"操作"列的【删除】，将出现是否删除对话框，单击对话框的【确定】按钮将该文书删除，单击对话框的【取消】将取消此删除操作，如图 5-68：

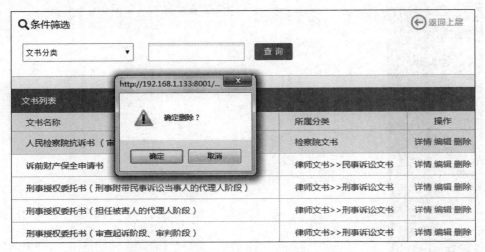

图 5-68　教师文书写作删除文书界面

（4）添加文书

要添加文书可以单击左边菜单中的【文书添加】进入添加文书页面，如下图 5-69：

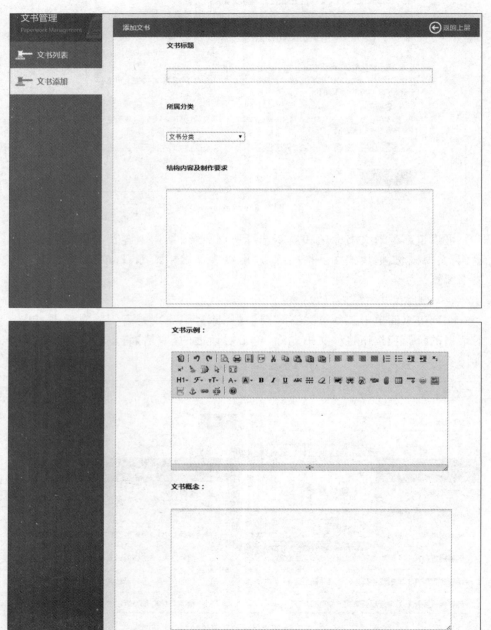

图 5-69　教师文书写作添加文书界面

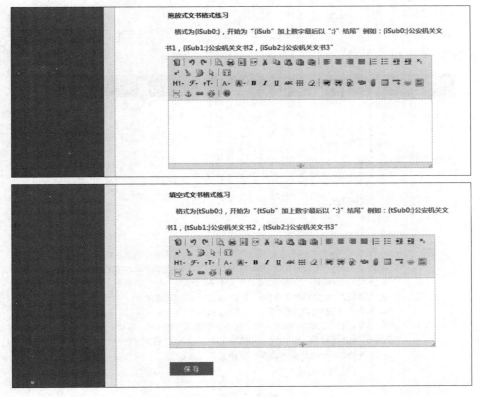

图 5-69 （续）

　　输入文书标题、选择所属分类、输入结构内容及制作要求、文书示例、文书概念、拖放式文书格式练习、填空式文书格式练习，单击【保存】完成文书添加。

　　3.案件管理

　　案例管理用于管理教师端和学生端的案例内容，完成如：添加、修改及删除操作。

　　在文书写作主页面，单击【案例管理】，进入案例管理页面，如下图 5-70：

案件管理 Case Management					
⊕ 返回上层					
案例列表	🔍 条件筛选				
添加案例	文书分类 ▼			查询	
	案例列表				
	序号	案例名称	添加时间	是否共享	操作
	1	买卖合同纠纷	2017-09-19	共享	编辑 删除
			每页10行 / 共1条		1

图 5-70 教师文书写作-案例管理界面

（1）修改案例

默认进入后显示的为文书列表，单击某一行"操作"列的【编辑】进入案例修改页面，如下图 5-71：

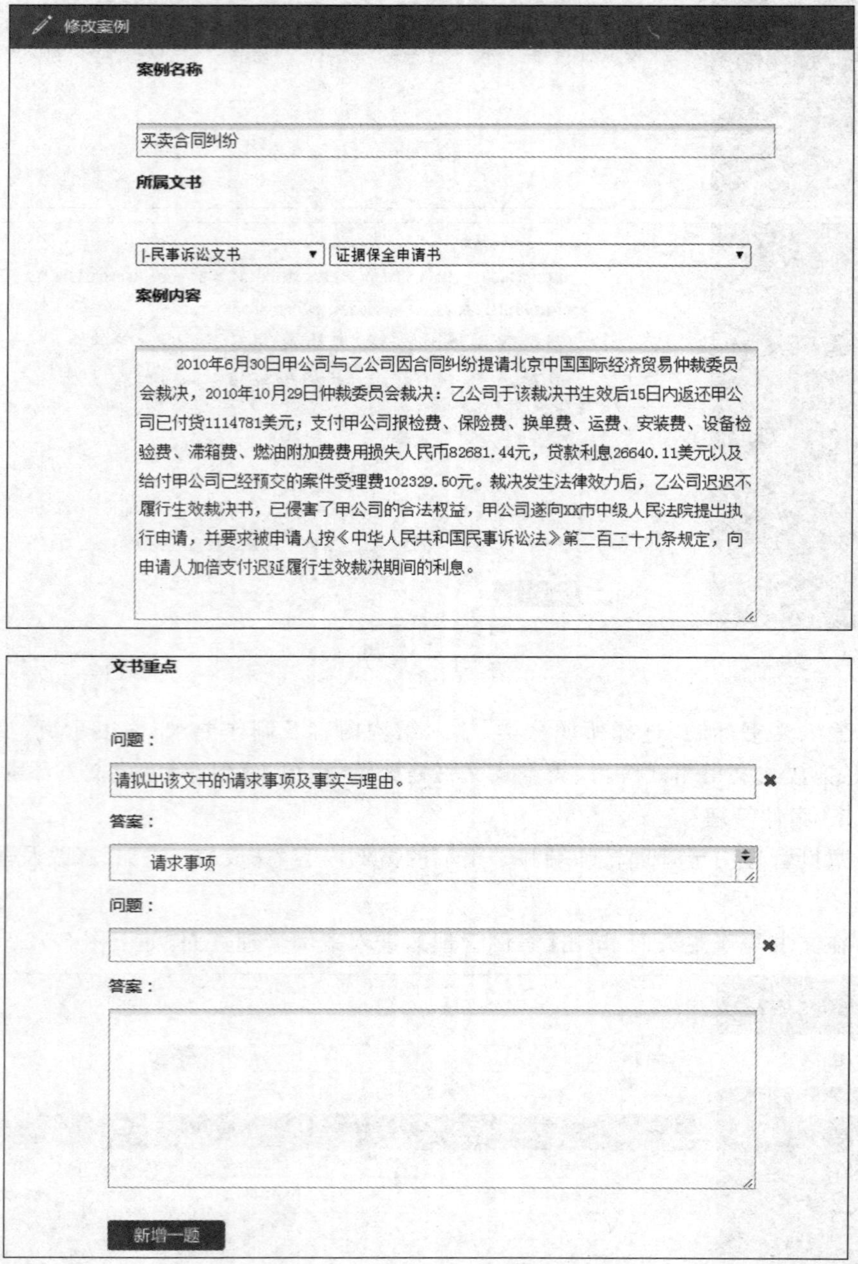

图 5-71　教师文书写作修改案例界面

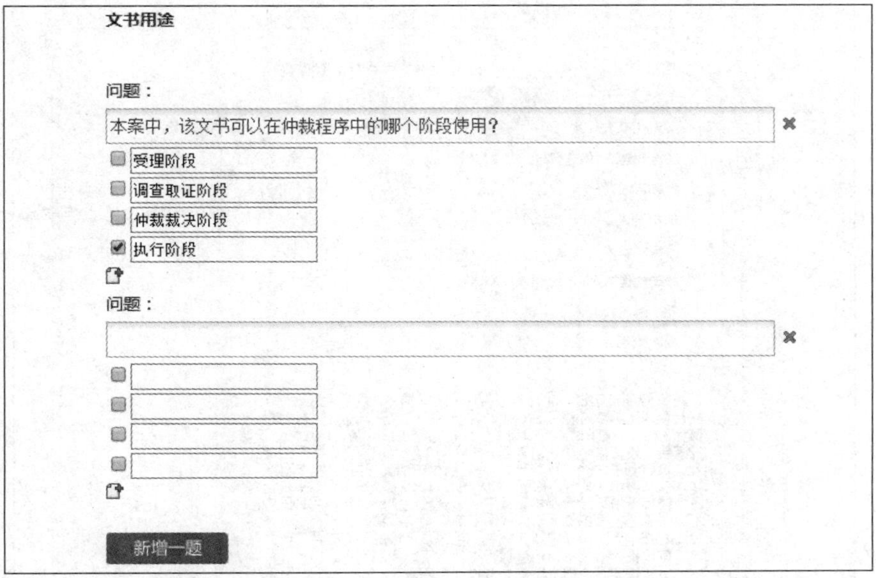

文书用途

问题：

本案中，该文书可以在仲裁程序中的哪个阶段使用？ ✖

- ☐ 受理阶段
- ☐ 调查取证阶段
- ☐ 仲裁裁决阶段
- ☑ 执行阶段

问题： ✖

- ☐
- ☐
- ☐
- ☐

新增一题

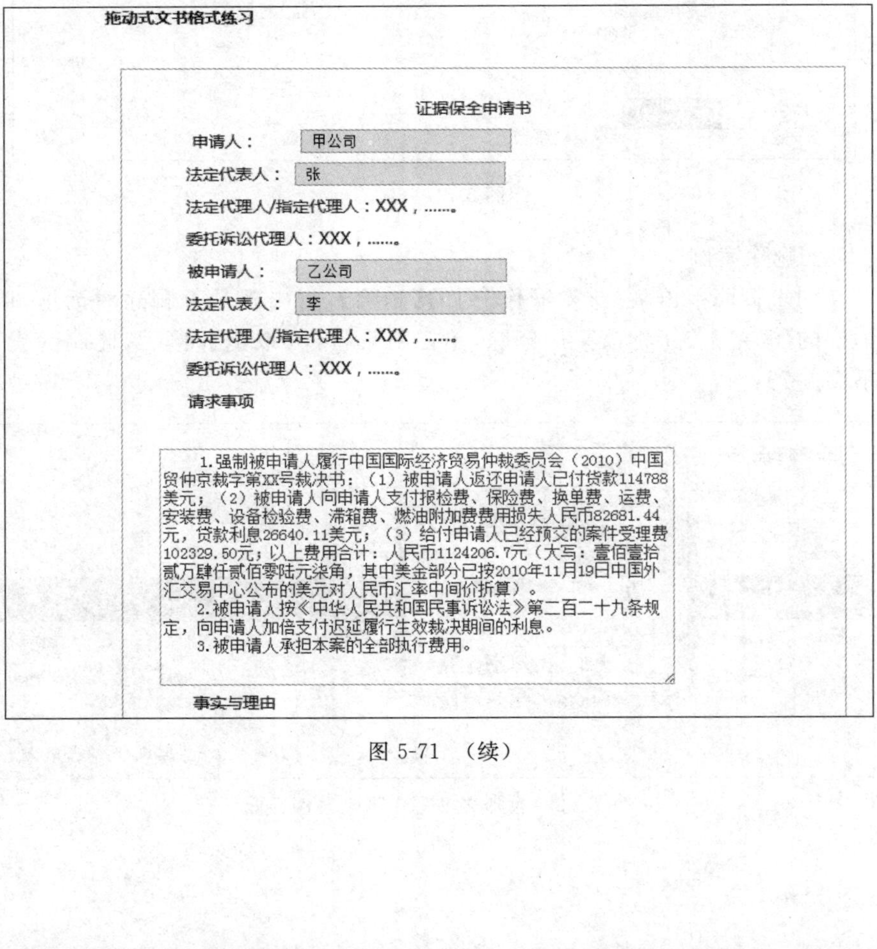

拖动式文书格式练习

证据保全申请书

申请人： 甲公司

法定代表人： 张

法定代理人/指定代理人：XXX，……

委托诉讼代理人：XXX，……

被申请人： 乙公司

法定代表人： 李

法定代理人/指定代理人：XXX，……

委托诉讼代理人：XXX，……

请求事项

1.强制被申请人履行中国国际经济贸易仲裁委员会（2010）中国贸仲京裁字第XX号裁书：（1）被申请人返还申请人已付货款114788美元；（2）被申请人向申请人支付报检费、保险费、换单费、运费、安装费、设备检验费、滞箱费、燃油附加费费用损失人民币82681.44元，贷款利息26640.11美元；（3）给付申请人已经预交的案件受理费102329.50元；以上费用合计：人民币1124206.7元（大写：壹佰壹拾贰万肆仟贰佰零陆元柒角，其中美金部分已按2010年11月19日中国外汇交易中心公布的美元对人民币汇率中间价折算）。

2.被申请人按《中华人民共和国民事诉讼法》第二百二十九条规定，向申请人加倍支付迟延履行生效裁决期间的利息。

3.被申请人承担本案的全部执行费用。

事实与理由

图 5-71 （续）

填空式文书格式练习

证据保全申请书

申请人：　　　　甲公司

法定代表人：　　张

法定代理人/指定代理人：XXX，……

委托诉讼代理人：XXX，……

被申请人：　　　乙公司

法定代表人：　　李

法定代理人/指定代理人：XXX，……

委托诉讼代理人：XXX，……

请求事项

　　1.强制被申请人履行中国国际经济贸易仲裁委员会（2010）中国贸仲京裁字第XX号裁决书：（1）被申请人返还申请人已付货款114788美元；（2）被申请人向申请人支付报检费、保险费、换单费、运费、安装费、设备检验费、滞箱费、燃油附加费费用损失人民币82681.44元，贷款利息26640.11美元；（3）给付申请人已经预交的案件受理费102329.50元；以上费用合计：人民币1124206.7元（大写：壹佰壹拾贰万肆仟贰佰零陆元柒角，其中美金部分已按2010年11月19日中国外汇交易中心公布的美元对人民币汇率中间价折算）。

　　2.被申请人按《中华人民共和国民事诉讼法》第二百二十九条规定，向申请人加倍支付延履行生效裁决期间的利息。

　　3.被申请人承担本案的全部执行费用。

事实与理由

保存

图 5-71 （续）

（2）删除案例

在列表页面单击某一行"操作"列的【删除】，将出现是否删除对话框，单击对话框的【确定】按钮将该案例删除，单击对话框的【取消】将取消此删除操作，如下图 5-72：

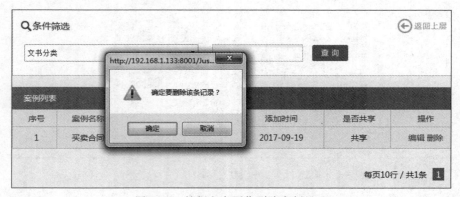

图 5-72　教师文书写作删除案例界面

（3）添加案例

要添加案例可以单击左边菜单中的【案例添加】进入添加案例页面，如下图 5-73。

输入案例名称、选择所属文书、输入案例内容、文书重点、文书用途、拖放式文书格式练习、填空式文书格式练习，单击【保存】并确定完成案例添加，如图 5-74 所示。

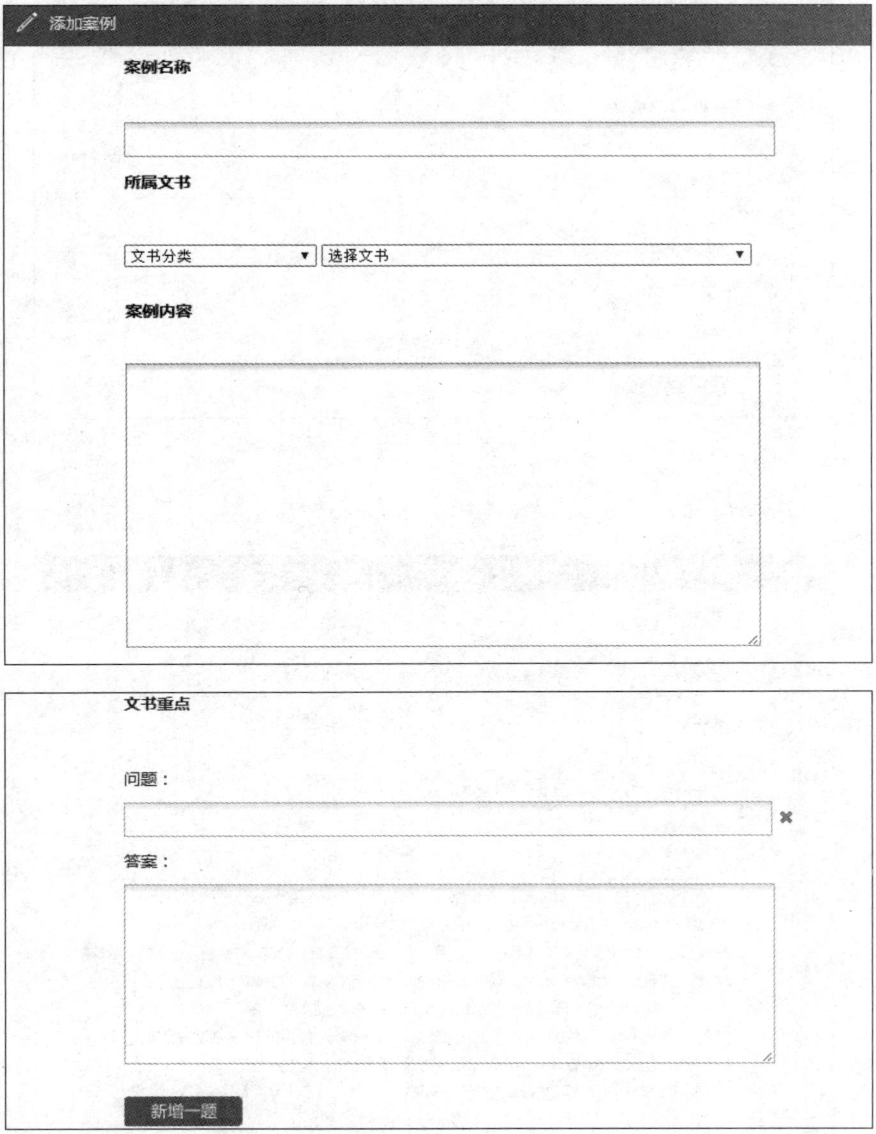

图 5-73　教师文书写作添加案例界面

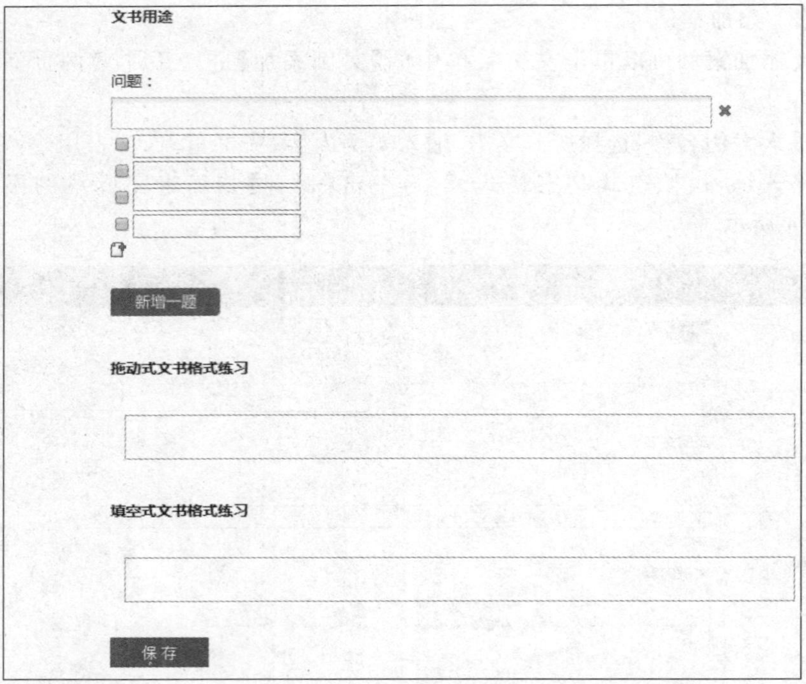

文书用途

问题：

新增一题

拖动式文书格式练习

填空式文书格式练习

保 存

图 5-73 （续）

示例如下：

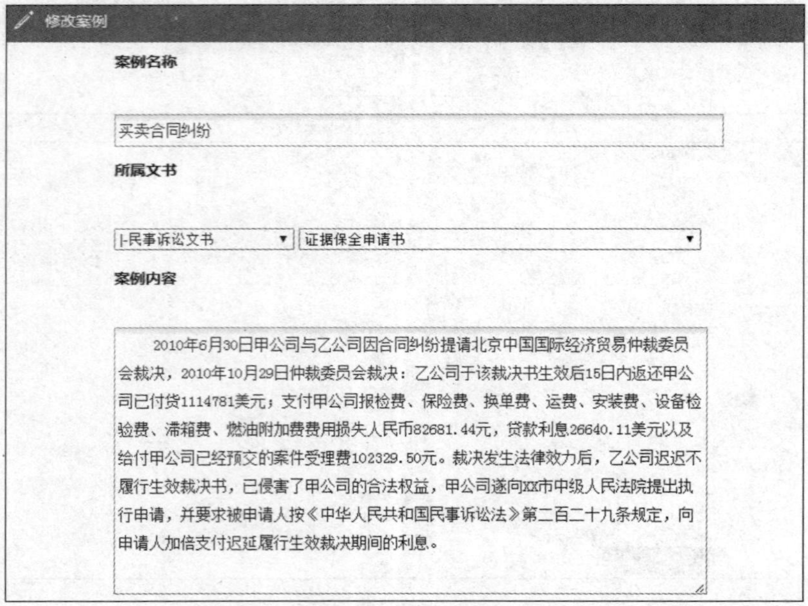

修改案例

案例名称

买卖合同纠纷

所属文书

I-民事诉讼文书   证据保全申请书

案例内容

　　2010年6月30日甲公司与乙公司因合同纠纷提请北京中国国际经济贸易仲裁委员会裁决，2010年10月29日仲裁委员会裁决：乙公司于该裁决书生效后15日内返还甲公司已付货1114781美元，支付甲公司报检费、保险费、换单费、运费、安装费、设备检验费、滞箱费、燃油附加费费用损失人民币82681.44元，贷款利息26640.11美元以及给付甲公司已经预交的案件受理费102329.50元。裁决发生法律效力后，乙公司迟迟不履行生效裁决书，已侵害了甲公司的合法权益，甲公司遂向xx市中级人民法院提出执行申请，并要求被申请人按《中华人民共和国民事诉讼法》第二百二十九条规定，向申请人加倍支付迟延履行生效裁决期间的利息。

图 5-74　教师文书写作添加案例成功显示界面

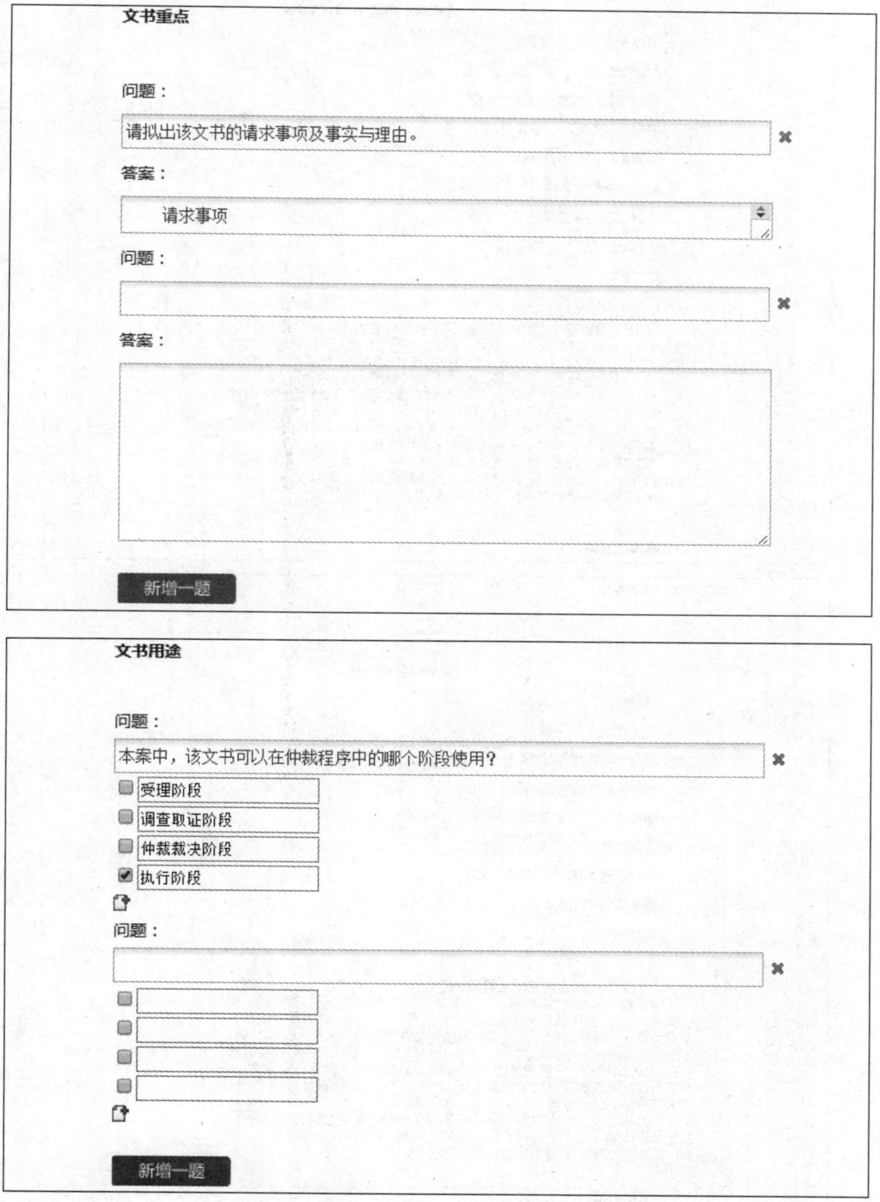

文书重点

问题：

请拟出该文书的请求事项及事实与理由。 ✖

答案：

请求事项 ⬍

问题：

✖

答案：

新增一题

文书用途

问题：

本案中，该文书可以在仲裁程序中的哪个阶段使用？ ✖

☐ 受理阶段
☐ 调查取证阶段
☐ 仲裁裁决阶段
☑ 执行阶段

问题：

✖

☐
☐
☐
☐

新增一题

图 5-74 （续）

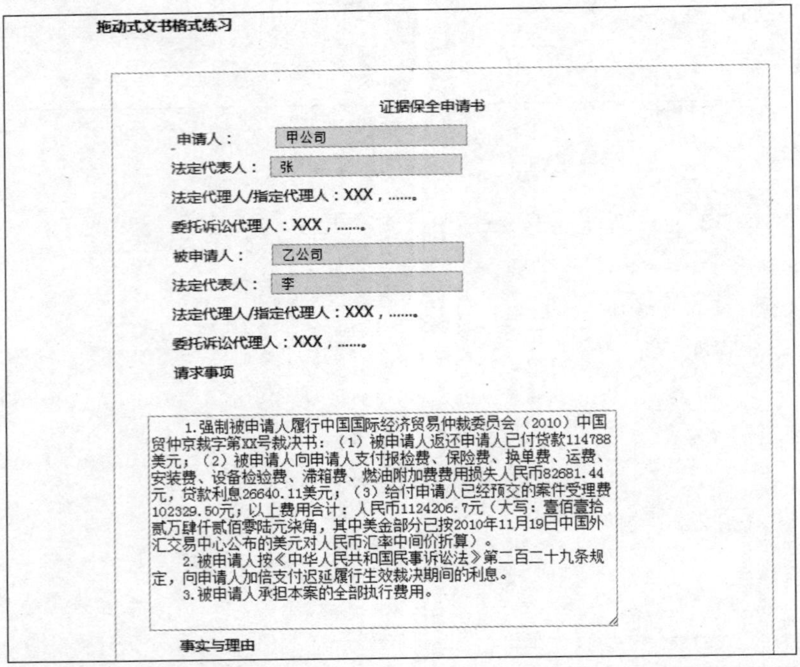

拖动式文书格式练习

证据保全申请书

申请人： 甲公司

法定代表人： 张

法定代理人/指定代理人：XXX，……。

委托诉讼代理人：XXX，……。

被申请人： 乙公司

法定代表人： 李

法定代理人/指定代理人：XXX，……。

委托诉讼代理人：XXX，……。

请求事项

  1.强制被申请人履行中国国际经济贸易仲裁委员会（2010）中国贸仲京裁字第XX号裁决书：（1）被申请人返还申请人已付货款114788美元；（2）被申请人向申请人支付报检费、保险费、换单费、运费、安装费、设备检验费、滞箱费、燃油附加费费用损失人民币82681.44元，货款利息26640.11美元；（3）给付申请人已经预交的案件受理费102329.50元；以上费用合计：人民币1124206.7元（大写：壹佰壹拾贰万肆仟贰佰零陆元柒角，其中美金部分已按2010年11月19日中国外汇交易中心公布的美元对人民币汇率中间价折算）。
  2.被申请人按《中华人民共和国民事诉讼法》第二百二十九条规定，向申请人加倍支付迟延履行生效裁决期间的利息。
  3.被申请人承担本案的全部执行费用。

事实与理由

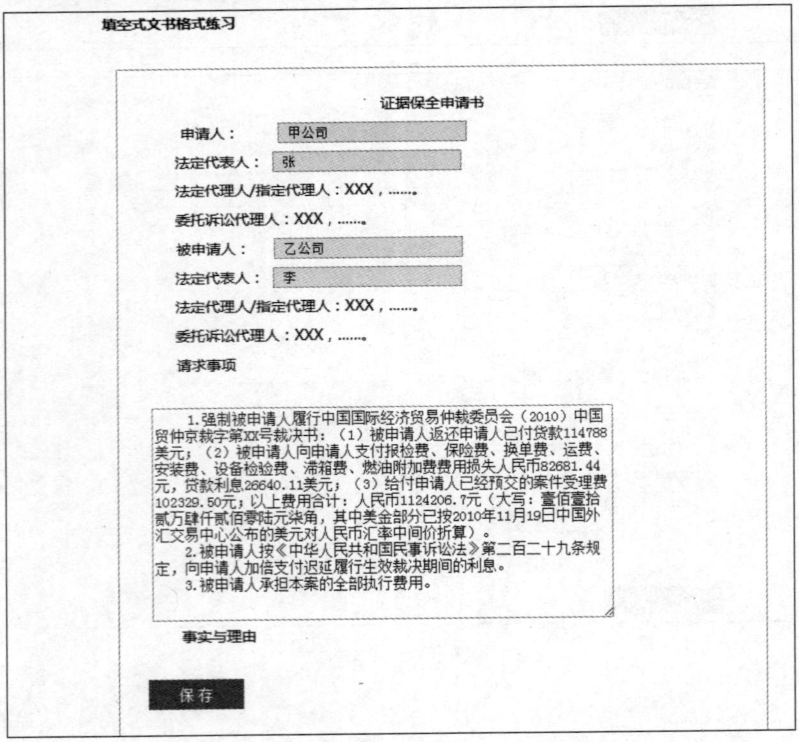

填空式文书格式练习

证据保全申请书

申请人： 甲公司

法定代表人： 张

法定代理人/指定代理人：XXX，……。

委托诉讼代理人：XXX，……。

被申请人： 乙公司

法定代表人： 李

法定代理人/指定代理人：XXX，……。

委托诉讼代理人：XXX，……。

请求事项

  1.强制被申请人履行中国国际经济贸易仲裁委员会（2010）中国贸仲京裁字第XX号裁决书：（1）被申请人返还申请人已付货款114788美元；（2）被申请人向申请人支付报检费、保险费、换单费、运费、安装费、设备检验费、滞箱费、燃油附加费费用损失人民币82681.44元，货款利息26640.11美元；（3）给付申请人已经预交的案件受理费102329.50元；以上费用合计：人民币1124206.7元（大写：壹佰壹拾贰万肆仟贰佰零陆元柒角，其中美金部分已按2010年11月19日中国外汇交易中心公布的美元对人民币汇率中间价折算）。
  2.被申请人按《中华人民共和国民事诉讼法》第二百二十九条规定，向申请人加倍支付迟延履行生效裁决期间的利息。
  3.被申请人承担本案的全部执行费用。

事实与理由

保 存

图 5-74 （续）

图 5-74 （续）

4．实验考核

实验考核用于查看学生实验并对实验进行评分。

在文书写作主页面，单击【实验考核】，进入实验考核的成绩列表页面，如图 5-75：

图 5-75 教师文书写作-实验考核界面

（1）查询实验情况

上面可以通过条件筛选，查询相关实验情况，例如输入某一实验名称，单击【查询】，如图 5-76。

（2）导出 Excel

右边栏可以单击查看学生实验以及得分情况，同时可以选择班级，将实验得分情况导出 Excel，如图 5-77。

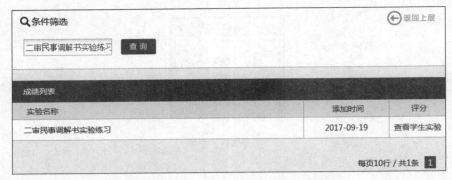

图 5-76　教师文书写作查询实验情况界面

图 5-77　教师文书写作实验成绩导出界面

右边栏可以查看学生实验每步骤得分情况，教师端也可以在机打分的基础上，再次进行手动打分，如图 5-78：

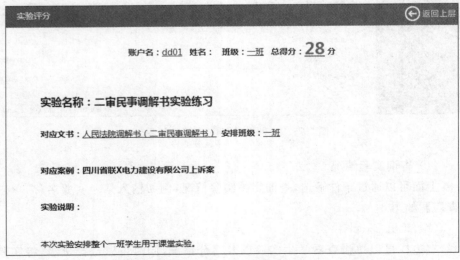

图 5-78　教师文书写作实验评分界面

案例内容:

　　上诉人四川省联X电力建设有限公司（以下简称联X公司）因与被上诉人阿XX、张X、黄X、四川X律师事务所生命权、健康权、身体权纠纷一案，不服成都市锦江区人民法院（2013）锦江民初字第X号民事判决，向本院提起上诉。请求撤销原判，依法改判。

　　2006年11月8日13时22分，张X驾驶无证、无牌的X牌重型自卸货车，从汉源方向朝乌斯河方向行驶，行至瀑电施工区左高低线连接段泄洪洞进口上面150米处。在上坡过程中，该车货厢前挡板挂在联X电力公司正在道路两旁施工作业架设的线路上，将该公司正在高线边坡处拉线的工作人员阿XX从边坡处拉下，致使阿XX受伤。

　　2006年11月8日至2007年3月25日，阿XX先后在汉源县人民医院；四川省人民医院、汉源县人民医院住院治疗。事故发生后直至2009年5月联X电力公司支付了阿XX医疗费、伙食费、交通费、护理费、住宿费等共计280000元。2007年8月15日，经四川X司法鉴定所川求实鉴【2007】临鉴X号法医学鉴定书鉴定。同日，四川X司法鉴定所川求实鉴（2007）X号行为能力鉴定书。

　　另查明，阿XX与阿XX于1994年11月4日在甘洛县X乡人民政府登记结婚，婚后生育阿XX、阿X、木X三个子女；2.2007年12月14日，阿XX的亲属木X与四川X律师事务所签订委托代理合同，特别授权四川X律师事务所代理阿XX与连X电力公司、张X交通事故纠纷一案。各方当事人因赔偿协商未果，故诉至原审法院。

　　本案在审理过程中，经本院主持调解，双方当事人自愿达成如下协议：

　　一、四川省联X电力建设有限公司于2015年4月20日支付阿XX560000元（收款账户：X，收款人：阿XX；付款账户：X，付款人：李X代四川省联X电力建设有限公司支付）；

　　二、四川X律师事务所于2015年4月20日支付阿XX160000元（收款账户：X，收款人：阿XX；付款账户：X，付款人：苏X代四川X律师事务所支付）；

　　三、阿XX放弃对在本案中张X、黄X的诉讼请求；

　　四、阿XX放弃对四川省联X电力建设有限公司、四川X律师事务所就本事件所产生的相关其他任何权利，亦不再另行主张任何权利。

結構内容及制作要求：

　　调解书一般由首部、事实、理由、调解协议和尾部五个部分组成，现分述如下：

　　（一）首部应写明以下几项：

　　1.标题，写明人民法院的名称和文书种类。如"XX人民法院民事调解书"，其右下方注明案号，如"XXXX年调字第X号"。

　　2.在当事人栏内，分别写明原告、被告和其他诉讼当事人的姓名、性别等个人身份情况。

　　如果是二审程序的调解书，应将"原告"和"被告"栏目改为"上诉人"和"被上诉人"；如果是再审程序的调解书，则应将"原告"和"被告"改为"申诉人"和"被申诉人"。

　　以下即转入正文—事实、调解、结果）。在行文上可采如下写法：

　　"上列当事人因……一案，经本院审理，查明：……'"

　　（二）事实

　　这部分应当写明以下几点：

　　1.双方当事人的关系，发生纠纷的原因和争议的焦点。

　　2.当事人双方对争议问题所持主张及各自的理由和所提供的证据。

　　3.原告的要求。

　　事实部分的论述，应当简要一些，不要堆积案件事实。

　　（三）理由

　　理由是在查明案件事实的基础上，依据法律，分清是非，教育当事人相互谅解，接受调解达成的协议，因此，应当写明以下两方面的内容：

　　1.对纠纷的事实和当事人双方争执的主要分歧，进行实事求是的分析，分清是非，讲清道理。

　　2.根据政策和法律，对当事人双方各自的主张进行评定，对于合乎政策法律精神的，应予肯定，对于违反法律规定的非法行为，应坚决予以否定。使双方当事人都能够接受调解并达成协议。

图 5-78　（续）

文书概念问题1（20分）：

请叙述人民法院调解书（二审民事调解书）的概念

学生回答：qw

得分：0

答案：　调解是在人民法院的主持下，在查明案件事实、分清是非的基础上，促使双方当事人互相谅解，达成协议，解决诉讼问题的一种方法。人民法院把经过调解达成的协议制作成具有法律效力的文书，称为调解书。

调解是人民法院处理民事案件和轻微刑事案件的一种重要方式，人民法院调解书是人民法院经常使用的一种司法文书。

文书重点问题1（20分）：

请拟出本案的调解协议内容。

学生回答：qw

得分：0

答案：一、四川省联X电力建设有限公司于2015年4月20日支付阿XX 560000元（收款账户：X，收款人：阿XX；付款账户：X，付款人：李X代四川省联X电力建设有限公司支付）；

二、四川X律师事务所于2015年4月20日支付阿XX160000元（收款账户：X，收款人：阿XX；付款账户：X，付款人：苏X代四川X律师事务所支付）；

三、阿XX放弃对在本案中张X、黄X的诉讼请求；

四、阿XX放弃对四川省联X电力建设有限公司、四川X律师事务所就本事件所产生的相关其他任何权利，亦不再另行主张任何权利。

一审案件受理费按照一审判决方式执行。二审案件受理费7450元，减半收取3725元，由上诉人四川省联X电力建设有限公司承担；公告费600元，由上诉人四川省联X电力建设有限公司承担。

文书用途问题1（20分）：

本案中，该文书可以在民事二审程序中的哪个阶段使用？

☑ A.上诉阶段

☑ B.审判阶段

☑ C.庭前准备阶段

☑ D.立案受理阶段

☐ E.执行阶段

得分：0

答案：B

图 5-78 （续）

文书用途问题2（20分）：

该文书在民事二审程序中通常与哪种文书一起使用？

☑ A.民事上诉状

☐ B.人民法院受理通知书

☐ C.管辖权异议申请书

☐ D.调查取证申请书

☑ E.该文书可单独使用

得分： 20

答案：E

拖放式文书格式练习（20分）：

××××人民法院

民事调解书

上诉人（原审原告/被告/第三人）： 一、四川省联X电力建设有限公司于2015年4月20日支付阿××560（款账户：X，付款人：李X代四川省联X电力建设有限公司支付）；二、四川X律师事务所于2015年4月20日支人：阿××；付款账户：X，付款人：苏X代四川X律师事务所支付）；三、阿××放弃对在本案中张X、黄X的诉电力建设有限公司、四川X律师事务所就本事件所产生的相关其他任何权利，亦不再另行主张任何权利。 五、审案件受理费7450元，减半收取3725元，由上诉人四川省联X电力建设有限公司承担；公告费600元，由上诉人四案：四川省联X电力建设有限公司）

被上诉人（原审原告/被告/第三人）：阿××、黄X、四川X律师事务所

原审原告/被告/第三人：XXX，……

（以上写明当事人和其他诉讼参加人的姓名或者名称等基本信息）

上诉人XXX因与被上诉人XXX、第三人XXX生命权、健康权、身体权纠纷一案（写明案由）一案，不服X决，向本院提起上诉。本院于XXXX年XX月XX日立案后，依法组成合议庭审理了本案（开庭前调解的，不写开庭XXX上诉称

四川省联X电力建设有限公司（正确答案： 2006年11月8日13时22分，张X驾驶无证、无牌的X牌重型行至瀑电施工区左高低线连接段泄洪洞进口上面150米处。在上坡过程中，该车货厢前挡板挂在联X电力公司正在正在高线边坡处拉线的工作人员阿××从边坡处拉下，致使阿××受伤。

2006年11月8日至2007年3月25日，阿××先后在汉源县人民医院、四川省人民医院、汉源县人民医院住院公司支付了阿××医疗费、伙食费、交通费、护理费、住宿费等共计280000元。2007年8月15日，经四川X司法

图 5-78 （续）

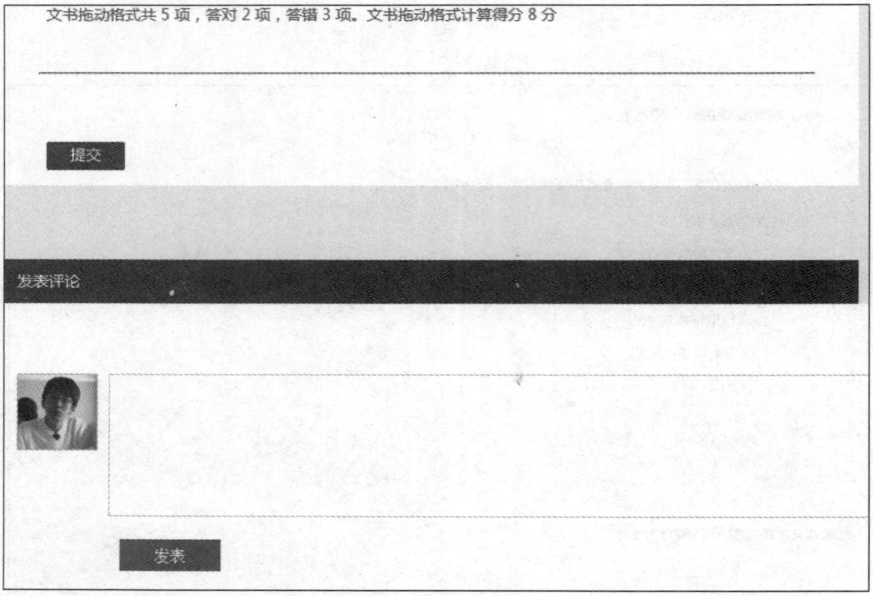

文书拖动格式共5项，答对2项，答错3项。文书拖动格式计算得分8分

提交

发表评论

发表

图 5-78　（续）

5.2.6　其他(参考视频、知识库)

1. 参考视频

参考视频端口可以上传、删除视频文件如图 5-79 所示。

图 5-79　教师参考视频操作界面

2. 知识库

知识库主要包括文书模板库、司法案例库、法律法规库等内容，可供学生实验操作时查阅。

文书模板库中包括各类法律文书。在文书模板库可以完成文书模板的关键字的查询、添加、修改、删除等操作。

司法案例库包括：最高人民法院公报、最高人民检察院公报、司法判例、仲裁案例等。在司法案例库可以完成案例的查看、添加、修改、删除等操作。

　　法律法规库包括：法律及全国人大（常委会）文件、行政法规及国务院（中央政府）文件、法院文件、国家部委办局文件、地方人大（常委会）文件、地方政府（部门）文件、党群机构文件、检察院文件、公约条约、非政府间国际组织文件、仲裁规则及仲裁机构文件、军事机构文件、标准规范和指引（指南）、行业与市场规定、公报报告、文件解读/释义/问答、草案及征求意见稿、联合发文、澳门法规等供使用者查看。在法律法规库可以完成法律法规的查看、添加、修改、删除等操作。如图 5-80 所示：

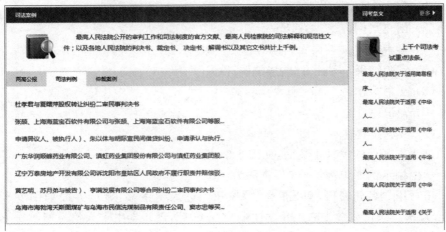

图 5-80　知识库界面

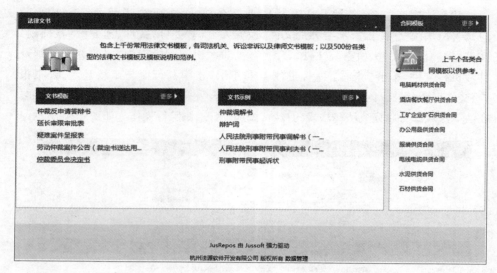

图 5-80 （续）

5.3 学 生 篇

【学生端功能】：

（1）进入实验。

实验模拟：社会救济；实验模拟：法院；实验模拟：检察院；实验模拟：公安机关；实验模拟：行政与劳动仲裁。

（2）创建实验。

（3）创建案例。

（4）参考视频。

（5）实验结果：实验得分、成绩统计。

（6）文书写作。

（7）知识库。

（8）实验报告。

进入本平台的登录主页面，如图 5-81 所示。

学生端示例账户为：stu01，密码为：a。

填写用户名和密码，单击【登录】按钮。进入学生端，显示界面如图 5-82。（注：首次登录可以单击右上角学生账户"stu01"，进入学生个人信息修改密码，以确保账户安全）

图 5-81　学生登录界面

图 5-82　学生操作界面

5.3.1　进入实验

学生单击进入实验,显示界面如下图 5-83 所示。

实验包括社会救济实验、法院实验、检察院实验、公安机关实验、行政与劳动仲裁实验。

图 5-83　学生进入实验操作界面

1. 实验模拟：社会救济

在进入实验主页面，单击【社会救济】，进入社会救济实验页面，如下图 5-84：

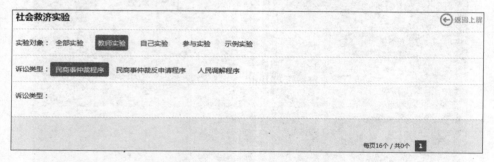

图 5-84　学生社会救济实验界面

社会救济实验主要包括民商事仲裁程序、民商事仲裁反申请程序、人民调解程序。社会救济实验的筛选条件主要分为实验对象、诉讼类型。默认进入实验页面显示的是【教师实验】【民商事仲裁程序】。

按添加实验对象筛选，单击【全部实验】，则下框显示所有民商事仲裁实验。按对象选择实验，即下边显示要找的实验。

2. 实验模拟：法院

在进入实验主页面，单击【法院】，进入法院实验页面，如图 5-85。

法院实验的筛选条件主要分为实验对象、诉讼类型。默认进入实验页面显示的是【教师实验】【民事】。

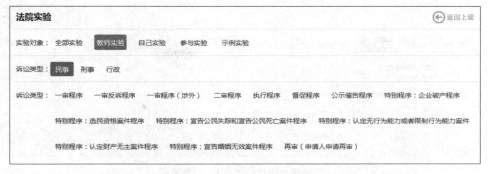

图 5-85　学生法院实验界面

按添加实验对象筛选,单击【全部实验】,则下框显示所有民事实验。按对象选择实验,即下边显示要找的实验。

法院实验分为三部分:民事、刑事、行政。按诉讼类型选择,单击其中一个类型的案件,即下边将出现所点诉讼类型实验。

3.　实验模拟:检察院

在进入实验主页面,单击【检察院】,进入检察院实验页面,如下图 5-86:

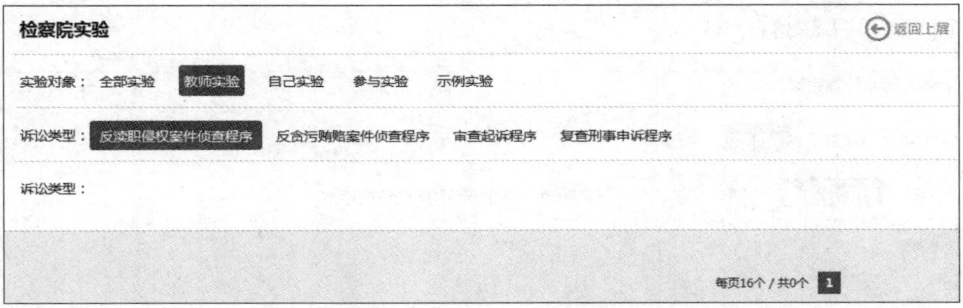

图 5-86　学生检察院实验界面

检察院实验主要包括反渎职侵权案件侦查程序、反贪污贿赂案件侦查程序、审查起诉程序、复查刑事申诉程序。检察院实验的筛选条件主要分为实验对象、诉讼类型。默认进入实验页面显示的是【教师实验】【反渎职侵权案件侦查程序】。

按添加实验对象筛选,单击【全部实验】,则下框显示所有反渎职侵权案件侦查实验。按对象选择实验,即下边显示要找的实验。

4.　实验模拟:公安机关

在进入实验主页面,单击【公安机关】,进入公安机关实验页面,如下图 5-87:

图 5-87　学生公安机关实验界面

公安机关实验主要包括刑事侦查程序、行政案件办理程序。公安机关实验的筛选条件主要分为实验对象、诉讼类型。默认进入实验页面显示的是【教师实验】【刑事侦查程序】。

按添加实验对象筛选，单击【全部实验】，则下框显示所有刑事侦查实验。按对象选择实验，即下边显示要找的实验。

5. 实验模拟：行政与劳动仲裁

在进入实验主页面，单击【行政与劳动仲裁】，进入行政与劳动仲裁实验页面，如下图 5-88：

图 5-88　学生行政与劳动仲裁实验界面

行政与劳动仲裁实验主要包括行政处罚程序、行政复议程序、劳动人事仲裁程序、劳动人事仲裁反申请程序。行政与劳动仲裁实验的筛选条件主要分为实验对象、诉讼类型。默认进入实验页面显示的是【教师实验】【行政处罚程序】。

按添加实验对象筛选，单击【全部实验】，则下框显示所有行政处罚实验。按对象选择实验，即下边显示要找的实验。

5.3.2　创建实验

学生单击进入创建实验,显示界面如下图 5-89:

图 5-89　学生创建实验界面

学生可以添加社会救济实验、法院实验、公安实验、检察院实验、行政与劳动仲裁实验,还可以通过条件筛选查询,同时可以对添加完的实验进行查看、编辑并结束实验。

具体操作步骤可参考本操作手册 5.2.1 实验管理中的"如何添加实验(以添加法院实验为例)"。

5.3.3　创建案例

学生单击进入创建案例,显示界面如下图 5-90:

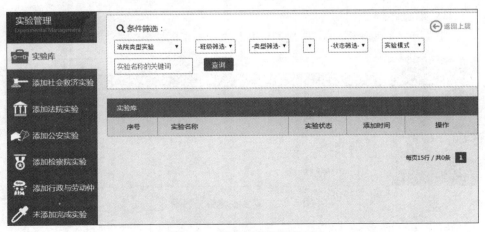

图 5-90　学生创建案例界面

　　学生可以添加社会救济案件、法院案件、公安案件、检察院案件、行政与劳动仲裁案件，还可以通过条件筛选查询，同时可以对添加完的案件进行查看详情、删除或编辑。

　　具体操作步骤可参考本操作手册 5.2.3 案件管理中的"如何添加案件（以添加法院案件为例）"。

5.3.4　实验结果

　　【实验结果】分为【实验得分】和【成绩统计】两部分。

　　在学生端主要页面，单击【实验结果】，进入实验结果页面，如下图 5-91：

图 5-91　学生实验结果操作界面

1. 实验得分

　　学生单击【实验得分】，进入实验得分页面，如下图 5-92：

序号	实验名称	创建时间	操作
1	刑事诉讼一审公诉	2017-08-29	得分详情 实验详情 案件详情 导出文书
2	行政二审	2017-08-28	得分详情 实验详情 案件详情 导出文书
3	宣告婚姻无效案件程序	2017-08-23	得分详情 实验详情 案件详情 导出文书

图 5-92　学生实验得分界面

　　学生可以查看每个实验的"得分详情""实验详情""案件详情",还可以"导出文书"存档。

2. 成绩统计

　　学生单击【成绩统计】,进入成绩统计页面,如下图 5-93:

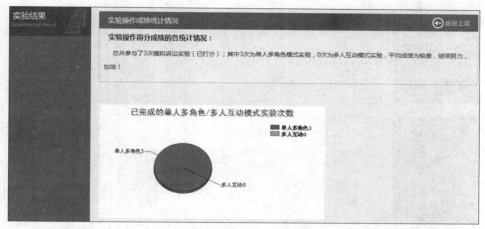

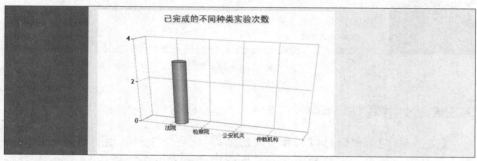

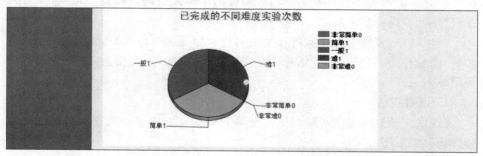

图 5-93　学生成绩统计界面

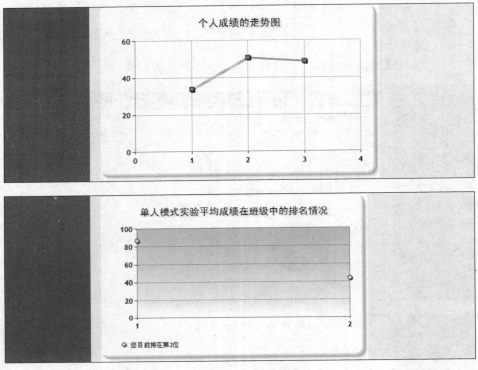

图 5-93 （续）

5.3.5 文书写作

【文书写作】可以跨越时间和空间的障碍,所有学生只需通过计算机网络即可以随时随地地参与实践教学。而且所有的法律文书内置模板与范例,节省查找资料实践,提高学习效率。

学生端单击【文书写作】,进入文书写作页面,【文书写作】功能模块有：课堂实验,课后作业,其他实验,快速训练,智能学科训练,能力报告,练习记录。如下图 5-94。

1. 课堂实验

【课堂实验】中,学生可以完成由老师安排的实验内容以及查看已完成的实验详情。如下图 5-95。

2. 课后作业

【课后作业】中,学生可以完成教师安排的课后作业及查看已完成的实验详情。如下图 5-96。

3. 其他实验

【其他实验】中,学生可以练习其他教师安排的实验。如图 5-97。

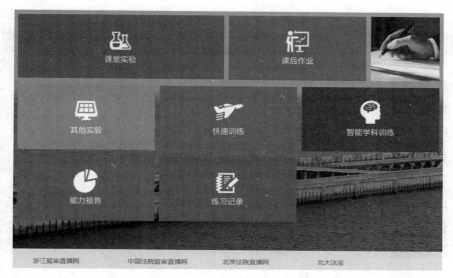

课堂实验
课后作业
其他实验
快速训练
智能学科训练
能力报告
练习记录
浙江庭审直播网
中国法院庭审直播网
北京法院直播网
北大法宝

图 5-94　学生文书写作操作界面

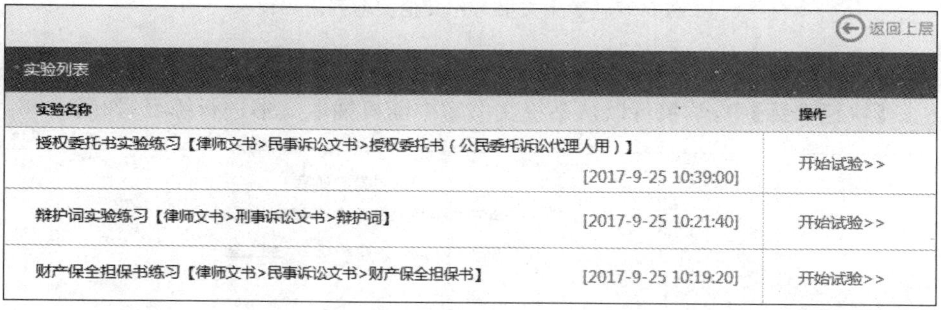
返回上层
实验列表
实验名称
操作
授权委托书实验练习【律师文书>民事诉讼文书>授权委托书（公民委托诉讼代理人用）】
[2017-9-25 10:39:00]
开始试验>>
辩护词实验练习【律师文书>刑事诉讼文书>辩护词】
[2017-9-25 10:21:40]
开始试验>>
财产保全担保书练习【律师文书>民事诉讼文书>财产保全担保书】
[2017-9-25 10:19:20]
开始试验>>

图 5-95　学生文书写作课堂实验列表界面

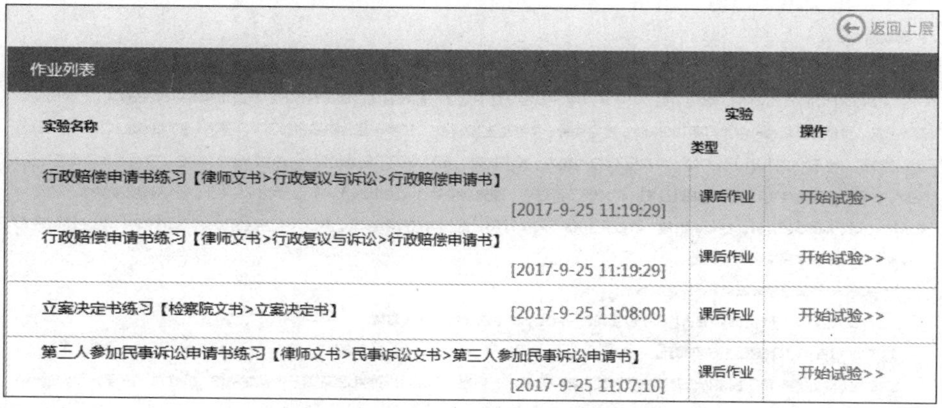
返回上层
作业列表
实验名称
实验类型
操作
行政赔偿申请书练习【律师文书>行政复议与诉讼>行政赔偿申请书】
[2017-9-25 11:19:29]
课后作业
开始试验>>
行政赔偿申请书练习【律师文书>行政复议与诉讼>行政赔偿申请书】
[2017-9-25 11:19:29]
课后作业
开始试验>>
立案决定书练习【检察院文书>立案决定书】
[2017-9-25 11:08:00]
课后作业
开始试验>>
第三人参加民事诉讼申请书练习【律师文书>民事诉讼文书>第三人参加民事诉讼申请书】
[2017-9-25 11:07:10]
课后作业
开始试验>>

图 5-96　学生文书写作课后作业列表界面

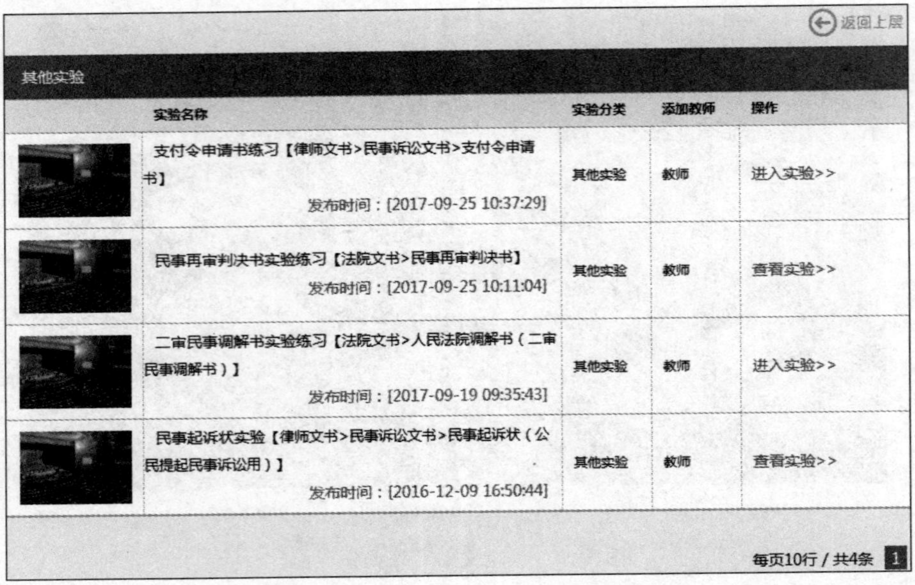
返回上层
其他实验
实验名称
实验分类
添加教师
操作
支付令申请书练习【律师文书>民事诉讼文书>支付令申请书】
发布时间：[2017-09-25 10:37:29]
其他实验
教师
进入实验>>
民事再审判决书实验练习【法院文书>民事再审判决书】
发布时间：[2017-09-25 10:11:04]
其他实验
教师
查看实验>>
二审民事调解书实验练习【法院文书>人民法院调解书（二审民事调解书）】
发布时间：[2017-09-19 09:35:43]
其他实验
教师
进入实验>>
民事起诉状实验【律师文书>民事诉讼文书>民事起诉状（公民提起民事诉讼用）】
发布时间：[2016-12-09 16:50:44]
其他实验
教师
查看实验>>
每页10行 / 共4条
1

图 5-97　学生文书写作其他实验列表界面

4. 快速训练

【快速训练】中，学生可以从系统文书库中随机抽取文书进行练习，如图 5-98：

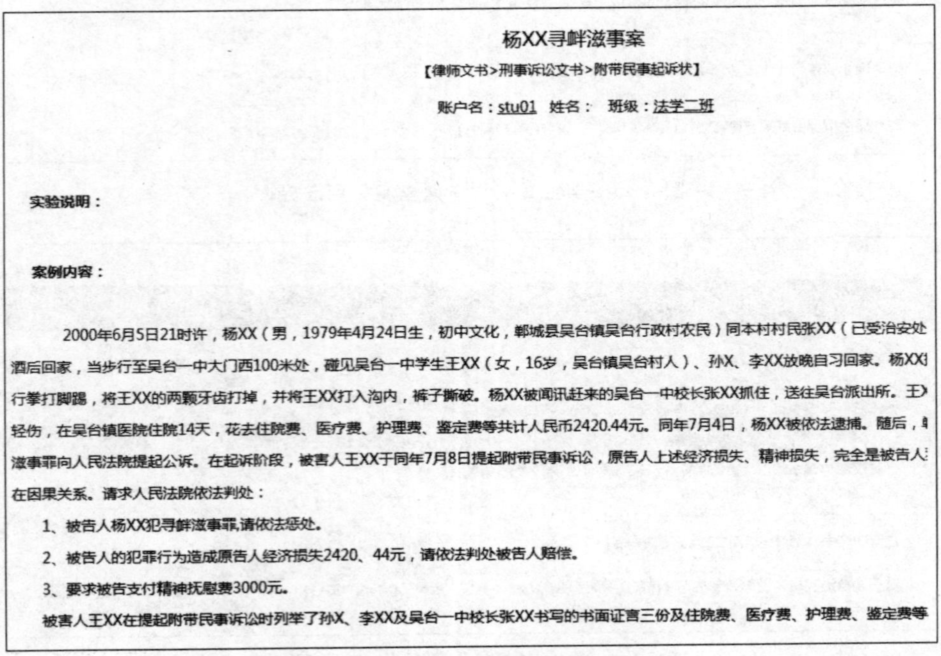
杨XX寻衅滋事案
【律师文书>刑事诉讼文书>附带民事起诉状】
账户名：stu01　姓名：　班级：法学二班
实验说明：
案例内容：
2000年6月5日21时许，杨XX（男，1979年4月24日生，初中文化，郸城县吴台镇吴台行政村农民）同本村村民张XX（已受治安处
酒后回家，当步行至吴台一中大门西100米处，碰见吴台一中学生王XX（女，16岁，吴台镇吴台村人）、孙X、李XX放晚自习回家。杨XX
行拳打脚踢，将王XX的两颗牙齿打掉，并将王XX打入沟内，裤子撕破。杨XX被闻讯赶来的吴台一中校长张XX抓住，送往吴台派出所。
轻伤，在吴台镇医院住院14天，花去住院费、医疗费、护理费、鉴定费等共计人民币2420.44元。同年7月4日，杨XX被依法逮捕。随后，
滋事罪向人民法院提起公诉。在起诉阶段，被害人王XX于同年7月8日提起附带民事诉讼，原告人上述经济损失、精神损失，完全是被告人
在因果关系。请求人民法院依法判处：
1、被告人杨XX犯寻衅滋事罪，请依法惩处。
2、被告人的犯罪行为造成原告人经济损失2420、44元，请依法判处被告人赔偿。
3、要求被告支付精神抚慰费3000元。
被害人王XX在提起附带民事诉讼时列举了孙X、李XX及吴台一中校长张XX书写的书面证言三份及住院费、医疗费、护理费、鉴定费等

图 5-98　学生文书写作快速训练界面

结构内容及制作要求：

起诉状分为首部、正文、尾部（含附项）三部分：

（一）首部依次写明下列事项：

1.文书名称。在上部正中写"附带民事起诉状"。

2.附带民事诉讼原告人的身份事项。

原告是具有民事行为能力的公民，应依次写明：原告、姓名、性别、年龄、民族、籍贯（可省去）、职业、工作单位和住所、邮政编码。原告是未成年人的，应在原告人下一项写明：法定代理人姓名、性别、同原告的关系。

原告是法人或者其他组织的则写：原告、单位全称、住所、邮政编码、企业性质、工商登记核准号、经营范围和方式、开户银行和账号、姓名、职务、电话。如法定代表人委托代理人的，在下一项写明委托代理人及其身份事项。

3.附带民事诉讼被告人的身份事项，基本上同原告各项。

（二）正文

附带民事起诉状的主体部分包括诉讼请求和事实与理由两项。这两项的具体的写作要求和民事起诉状的要求大致相同。但须注意的是，附于刑事诉讼，提起赔偿的损失必须是被告人的行为直接造成的，因此，在阐述理由时，应着重说清被告人的行为与被害人的物质损失存在行为所造成的损失包括积极损失和消极损失。所谓积极损失是指被告人的行为已经造成的客观存在的物质损失；消极损失是指被告人的行为物质损失，比如被害人终生治疗需要的医疗费用。

另外还要注意，我国刑事诉讼法规定的只能对物质损失提起刑事附带民事诉讼，对于精神损失不能提起附带民事诉讼的赔偿要求。

（三）尾部

附带民事起诉状的尾部与民事诉状的要求相同。

文书概念问题（12分）：

请叙述附带民事起诉状的概念

文书重点问题1（12分）：

请拟出本案的事实和理由。

图 5-98　（续）

文书用途问题1（12分）：

本案中，该文书在民事诉讼程序中的哪个阶段使用？

- A.起诉阶段
- B.立案受理阶段
- C.庭前准备阶段
- D.审判阶段
- E.执行阶段

文书用途问题2（14分）：

该文书在民事诉讼程序中通常与哪种文书一起使用？

- A.律师事务所公函
- B.民事起诉状
- C.民事答辩状
- D.管辖权异议申请书
- E.调查取证申请书
- F.该文书可单独使用

填空式文书格式练习（50分）：

刑事附带民事起诉状

附带民事诉讼原告人（以下简称原告人）：

附带民事诉讼被告人（以下简称被告人）：

诉讼请求：

事实和理由：

此致

XX人民法院

图 5-98 （续）

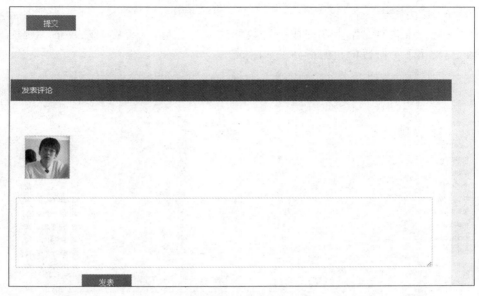

图 5-98　（续）

5．智能学科训练

【智能学科训练】中，学生可以根据自身文书写作能力掌握的情况，单击任一文书分类，系统会智能分配一个文书来练习。如图 5-99：

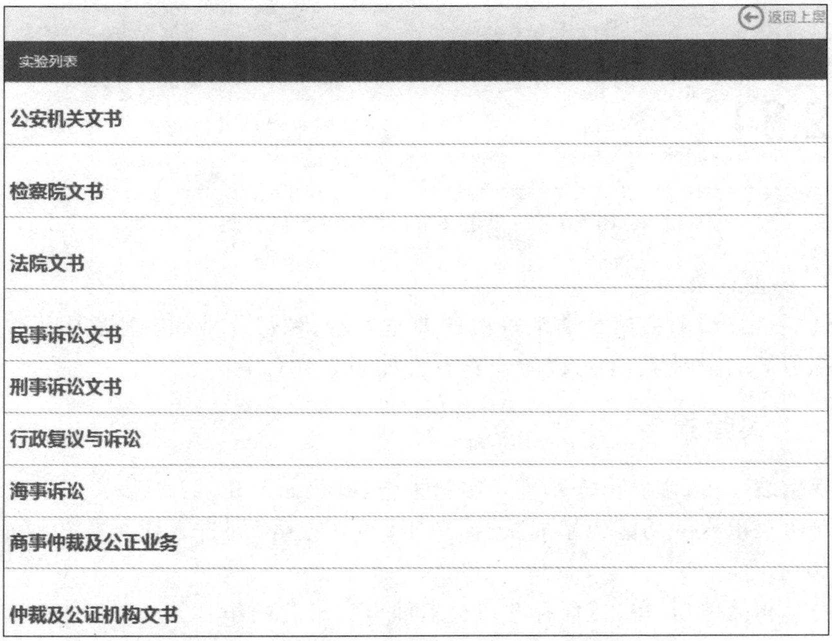

图 5-99　学生文书写作智能学科训练实验列表界面

6. 能力报告

【能力报告】中，学生在完成一定数量的文书之后，系统将自动评估答题能力，交给出下一阶段的预测得分。如图 5-100：

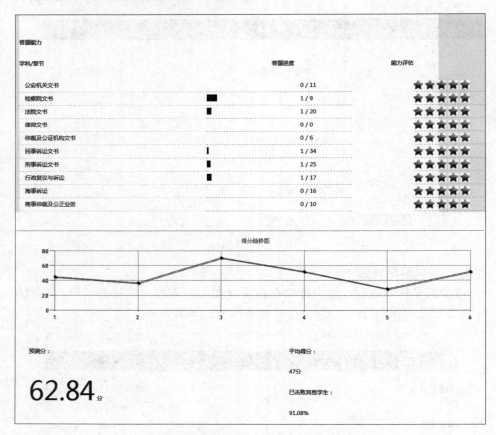

图 5-100　学生文书写作能力报告界面

7. 练习记录

【练习记录】中会显示学生每次的课堂实验、课后作业、快速练习以及智能学科练习等的记录，学生可以单击查看。如图 5-101。

5.3.6　实验报告

学生端单击【实验报告】，进入实验报告页面，如图 5-102。

左边菜单栏的功能为添加报告，单击【添加报告】即进入添加报告页面，如图 5-103。

填写相关信息，单击【保存并提交】，即可完成此操作。

图 5-101　学生文书写作练习记录界面

图 5-102　学生实验报告界面

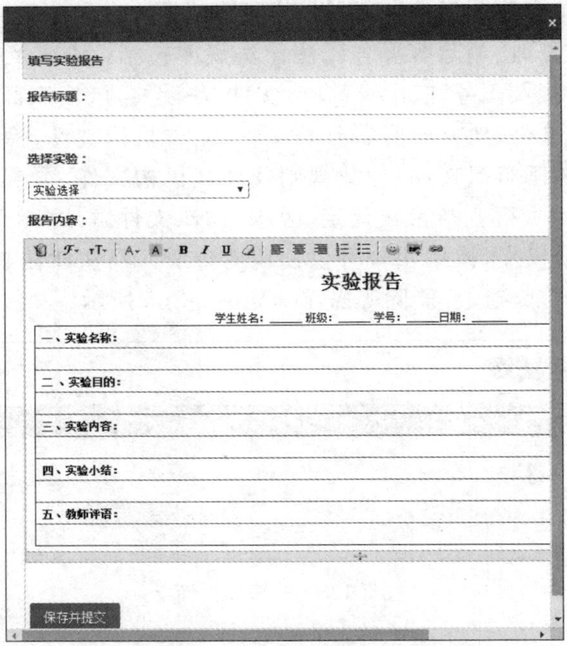

图 5-103　学生实验报告添加界面

5.3.7　其他(参考视频、知识库)

1. 参考视频

【参考视频】中，学生可以查看教师上传的视频，能够方便学生直接参考获得优秀庭审的经验。如图 5-104：

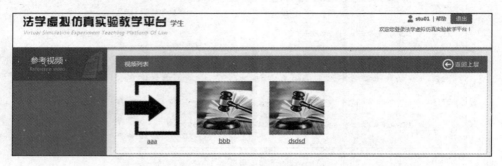

图 5-104　学生参考视频界面

2. 知识库

知识库主要包括文书模板库、司法案例库、法律法规库等内容，可供学生实验操作时查阅。文书模板库中包括各类法律文书，在文书模板库可以完成文书模板的关键字查询、添加、修改、删除等操作。司法案例库包括：最高人民法院公报、最高人民检察院公报、司法判例、仲裁案例等。在司法案例库可以完成案例的查看、添加、修改、删除等操作。法律法规库包括：法律及全国人大(常委会)文件、行政法规及国务院(中央政府)文件、法院文件、国家部委办局文件、地方人大(常委会)文件、地方政府(部门)文件、党群机构文件、检察院文件、公约条约、非政府间国际组织文件、仲裁规则及仲裁机构文件、军事机构文件、标准规范和指引(指南)、行业与市场规定、公报报告、文件解读/释义/问答、草案及征求意见稿、联合发文、澳门法规等供使用者查看。在法律法规库可以完成法律法规的查看、添加、修改、删除等操作。如图 5-105 所示：

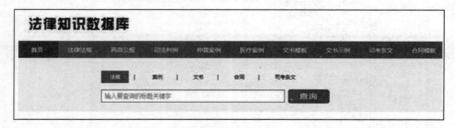

图 5-105　知识库界面

图 5-105　（续）

第三编

综合操作实验

6.1 实 验 目 的

1. 通过网上办案系统,让学生进行诉讼演练,提高学生学习专业知识的兴趣,进而锻炼处理法律关系中各种冲突的能力,提高自身职场竞争力。

2. 熟悉网上办案系统的实务操作,进一步理解"智慧法院"的深刻含义。

3. 通过本次实验操作,帮助学生熟悉并掌握网上办案的每个环节;通过系统内置的真实案件和证据扫描件来引导学生对案件进行分析研究,从而提升法律知识理解能力、法律逻辑思维能力、法律证据运用能力和法律文书写作能力等。

6.2 实 验 背 景

智慧法院是这两年我们用的一个新词,指的是以确保司法公正高效、提升司法公信力为目标,充分运用互联网、云计算、大数据、人工智能等信息技术,促进审判体系与审判能力现代化,实现人民法院工作的高度智能化运行与管理。

2016 年 3 月 13 日,第十二届全国人民代表大会第四次会议在人民大会堂举行第三次全体会议,最高人民法院院长周强作关于最高人民法院工作的报告,提出继续深化司法公开,加快建设"智慧法院"。

2016 年 7 月,中共中央办公厅、国务院办公厅印发《国家信息化发展战略纲要》,将建设"智慧法院"列入国家信息化发展战略,明确提出:建设"智慧法院",提高案件受理、审判、执行、监督等各环节信息化水平,推动执法司法信息公开,促进司法公平正义。

2016 年 12 月 15 日,国务院印发《"十三五"国家信息化规划》,明确指出,支持"智慧法院"建设,推行电子诉讼,建设完善公正司法信息化工程。并将电子诉讼占比作为 5 个信息服务指标之一,全国法院电子诉讼占比要在 2020 年超过 15%。2017 年 3 月 12 日,十二届全国人大五次会议举行第三次全体会议,最高人民法院院长周强作关于最高人民法院工作的报告,提出 2017 年人民法院将加快建设智慧法院,努力提供更多优质司法服务。

2017 年 5 月 11 日,最高人民法院院长周强在全国法院第四次信息化工作会议上强调:要统筹兼顾,全面把握智慧法院建设的总体布局。智慧法院建设要以促进审判体系和审判能力现代化,提升司法为民、公正司法水平为目标,充分利用信息化系统,实现人民法院全业务网上办理、全流程依法公开、全方位智能服务。要准确把握智慧法院与人民法院信息化 3.0 版的关系,深刻认识到信息化是人民法院组织、管理和建设的运行载体,智慧法院是建立在信息化基础上人民法院工作的一种形态,积极促进人民法院工作在智慧法院体系内智能运行、健康发展。要准确把握智慧法院网络化、阳光化和智能化特征,以是否达到"全业务、全流程、全方位"作为评价智慧法院的基本标准和主要依据。

6.3　实验步骤

本章节主要演示民事一审程序(网上办案)的操作步骤。网上办案围绕现行浙江省高院网上办案系统的模拟为中心进行搭建。

单击【网上办案】将进入网上办案系统的操作页面,左上角为【角色选择】栏,左边为【网上办案】功能栏,页面上面显示【实验名称】【当前扮演角色】,页面右边显示该角色的所有实验以及当前可操作项。如下图 6-1:

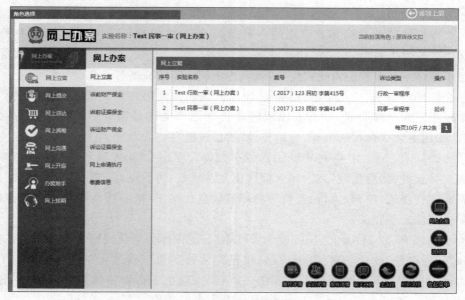

图 6-1　网上办案系统主界面

【网上办案】功能栏具体如下图 6-2：

（1）网上立案

对民、行、刑案件等立案中设计三个端口，包括法官端、当事人端、律师端，其中律师端与当事人端口，可以在系统中提出网上立案、申请诉讼保全、网上提起上诉、网上申请执行、网上缴费。法官端对上述诉讼请求进行审核操作。

（2）网上提交

对民、行、刑案件等立案中设计三个端口：法官端、当事人端、律师端，其中律师端与当事人端口，在系统中提交证据或手续材料、申请调查令、申请延期开庭、申请延长举证期限、申请证人出庭作证、提交代理词等业务。法官端对上述诉讼请求进行审核操作。

图 6-2　网上办案功能栏

（3）网上送达

对民、行、刑案件等立案中设计成三个端口：法官端、当事人端、律师端，其中法官端具备网上送达功能，当事人端、律师端可以查收送达的文书等。

（4）网上阅卷

对民、行、刑案件等立案中设计成三个端口：法官端、当事人端、律师端，其中律师端可以实现申请网上阅卷功能，法官端审核操作。

（5）网上沟通

对民、行、刑案件等立案中设计成三个端口：法官端、当事人端、律师端，其中律师端和当事人可以实现网上预约法官和与法官在线沟通功能。

（6）网上开庭

网上开庭功能和流程图中的开庭审理功能相同，按照庭审流程由书记员和审判长控制，从"到庭情况"开始来完整模拟整个庭审过程。

（7）办案助手

系统操作界面分为法官端、检察官端、律师（当事人）端，各个页面风格与职业特点相结合，其中法官端的操作页面加入一个法官助手功能，法官单击法官助手后可以通过搜索关键字查询相应的法条、相似判例，亦可根据案由，系统自动从案例库、判例库、法律法规库以及老法官的办案经验库中检索一定数量的相关案例，并在相应位置显示。

（8）网上排期

对民、行、刑案件等立案中设计成三个端口：法官端、当事人端、律师端，其中书记员（可由法官代替）可以进行网上排期，排期结果在其他端口显示。

步骤一：起诉（在起诉之前，原告还可以申请诉前财产保全和诉前证据保

全,操作方式同起诉)

鼠标单击左上角【角色选择】选择【原告】即开始网上办案,单击【起诉】进入起诉页面。如下图 6-3：

图 6-3 【起诉】操作界面

页面上面显示该步骤的法条,供学生查看和巩固相关知识点,下面绿色字体即需要填写的文书。学生单击【民事起诉状】,进入【民事起诉状】填写页面,如下图 6-4：

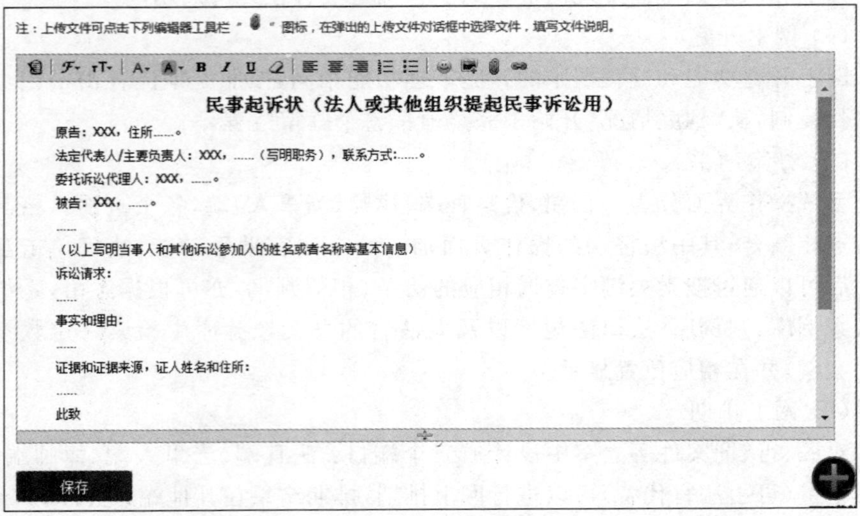

图 6-4 【民事起诉状】填写界面

　　填写完毕后,单击保存,该文书标题显示红色,依次填写完全部文书,如下图 6-5:

图 6-5　起诉-发送填好的文书界面

　　当所有待填写文书标题全部变红,单击左边栏【发送填好的文书】,即完成起诉步骤。如下图 6-6:

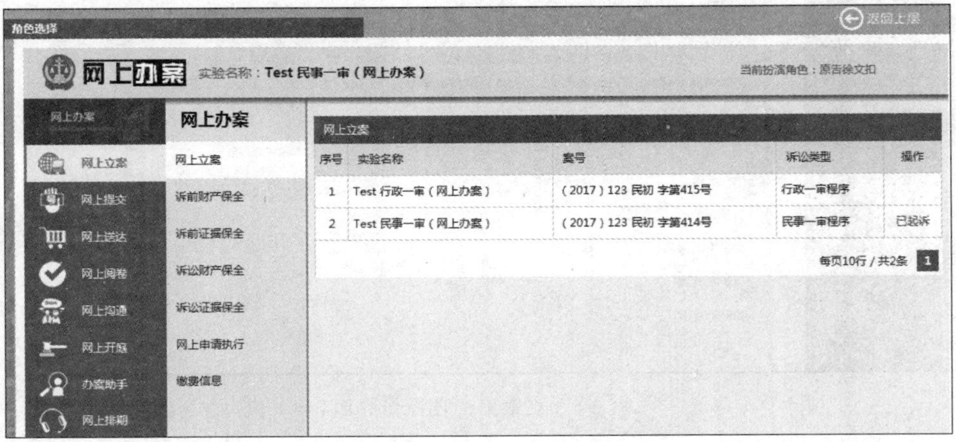

图 6-6　【起诉】步骤完成界面

步骤二：立案庭受理

（1）立案庭庭长做决定

在左边人物角色里选择【立案庭庭长】角色，如下图 6-7：

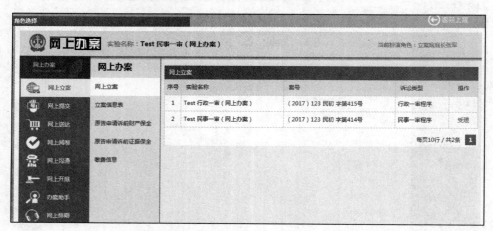

图 6-7　立案庭受理界面

单击【受理】，进入立案庭受理操作页面，如下图 6-8：

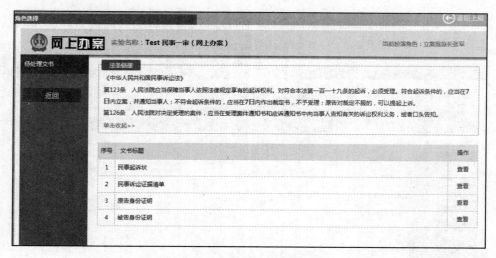

图 6-8　立案庭受理操作界面

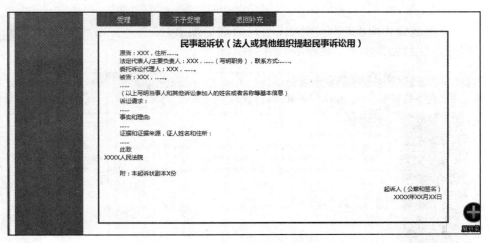

图 6-8 （续）

　　立案庭庭长查看起诉状和其他材料后，做出受理、不予受理、退回补充的决定。决定受理单击【受理】按钮；决定不予受理单击【不予受理】按钮；材料不足，决定退回补充则单击【退回补充】按钮。

　　实验模拟单击【受理】，进入受理操作页面，如下图 6-9：

图 6-9　立案庭受理操作界面

立案庭庭长依次填写完《人民法院受理通知书》等全部文书后，单击【发送填好的文书】发送文书。如图 6-10、图 6-11：

图 6-10　立案庭受理-发送填好的文书界面

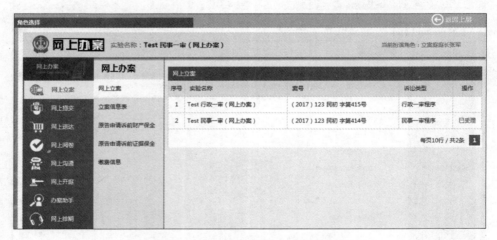

图 6-11　【立案庭受理】步骤完成界面

（2）缴费

立案庭庭长设置金额：在左上角人物角色里选择【立案庭庭长】角色，单击【设置金额】，如下图 6-12、图 6-13：

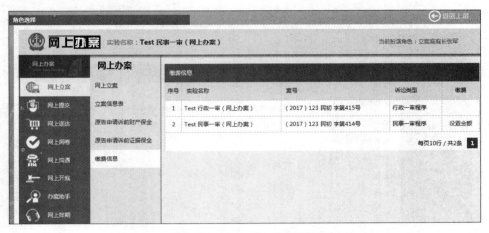

图 6-12　网上立案-缴费界面

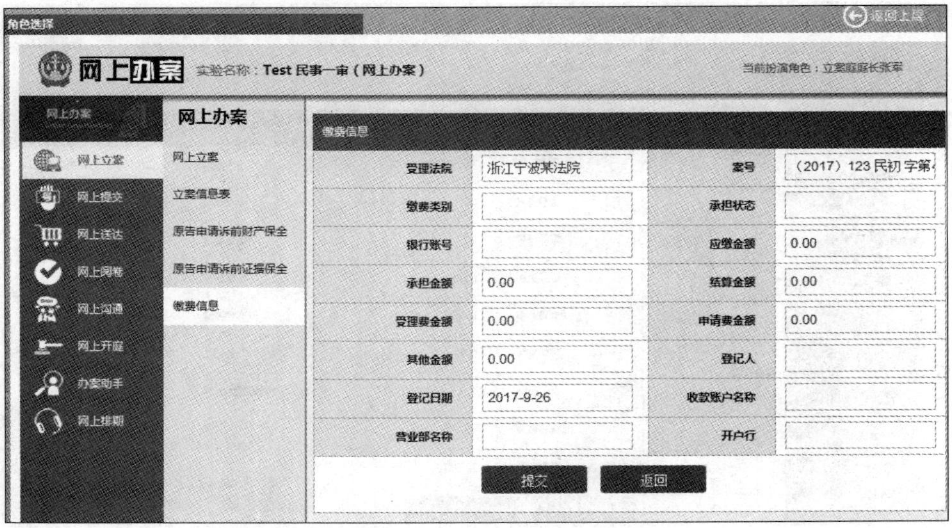

图 6-13　网上立案-缴费设置界面

金额设置完毕后，单击【提交】，金额设置完毕。

原告缴费：在左上角人物角色里选择【原告】角色，单击【缴费信息】，进入缴费页面，如下图 6-14、图 6-15：

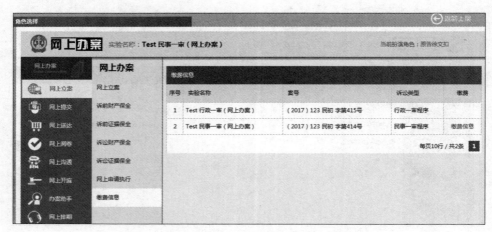

图 6-14   网上立案-缴费信息界面

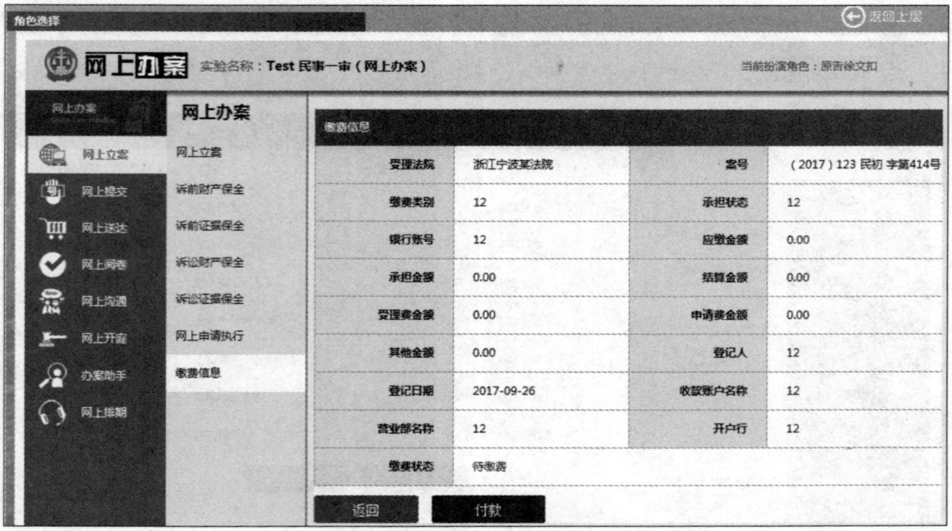

图 6-15   网上立案-缴费信息查看界面

单击【付款】按钮,进入付款页面,如下图 6-16:

图 6-16　网上立案-付款界面

单击【确认支付】按钮,即缴费成功。

(3) 立案庭庭长制作立案信息表

在左上角人物角色里选择【立案庭庭长】角色,单击【制作】按钮,即进入制作立案信息表页面,如下图 6-17、图 6-18:

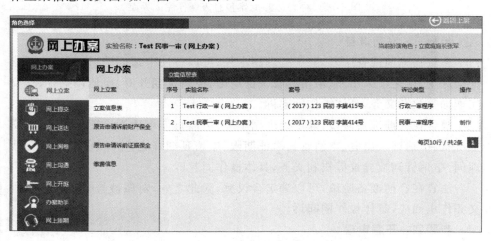

图 6-17　网上立案-立案信息表界面

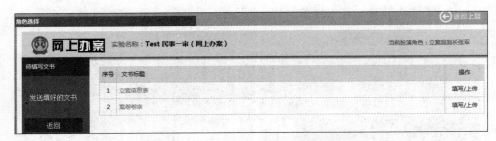

图 6-18   网上立案-立案信息表填写界面

立案庭庭长依次填写完《立案信息表》《案卷卷宗》后单击【发送填好的文书】发送文书。如下图 6-19：

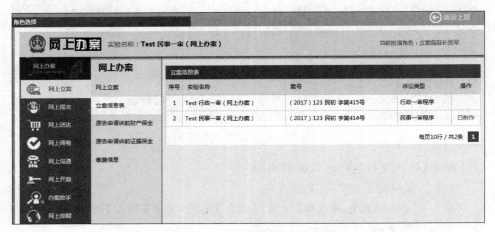

图 6-19   网上立案-立案信息表制作完成界面

步骤三：庭前准备

原告在庭前准备阶段，除了处理副本外，可以行使申请诉讼财产保全、诉讼证据保全、申请证人出庭、申请延长举证期限、申请延期开庭、申请调查令、提交代理词等权利义务，具体操作同起诉。

被告在庭前准备阶段，除了处理副本外，可以行使申请诉讼证据保全、提交答辩状、申请证人出庭、申请延长举证期限、申请延期开庭、申请调查令、提交代理词、申请管辖权异议等权利义务，具体操作同起诉。

法官在庭前准备阶段，可以确定合议庭，除此之外，对原被告行使的各权利义务作出回应，具体操作同起诉。

步骤四：开庭审理

开庭审理之前需先由审判长进行网上排期。

【网上排期】：单击左上角【角色选择】栏目，选择审判长角色，单击【网上排

期】进入网上排期操作页面,如下图 6-20、图 6-21:

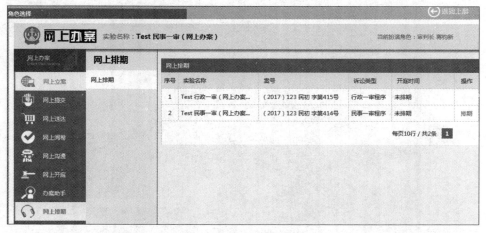

图 6-20 网上排期操作界面

图 6-21 网上排期开庭时间安排界面

选择完时间后,单击确定并保存后即完成网上排期。

【网上开庭】:单击左上角【角色选择】栏目,选择审判长角色,单击【进入庭审】进入开庭审理操作页面,如图 6-22:

如果实验要求使用语音通话则将弹出 Adobe Flash Player 设计窗口,单击允许即可接受语音通话。法庭分布状况如图 6-22 所示。主要角色为主审判长,立案庭庭长,书记员,原告,被告等。单击右上角工具栏某一操作项,即可查看庭审流程,实验详情案件详情或案卷材料。图片右上角有红色条框内即可依次

图 6-22　【开庭审理】界面

单击操作庭审程序。右上角则可选择性操作，比如指定发言，结束发言，休庭，结束等情行的操作。如图 6-23：

图 6-23　开庭审理【到庭情况】操作界面

按照庭审流程由书记员和审判长控制，从"到庭情况"开始来完整模拟整个庭审过程，庭审中的每一个步骤出现在右边工具栏中，当步骤发生变化时，可操作的按键也将发生变化，如图 6-24 所示：

图 6-24　开庭审理【到庭情况】操作界面

要了解当前实验进程，可以单击右上角"流程图"，将弹出流程步骤图 6-25。

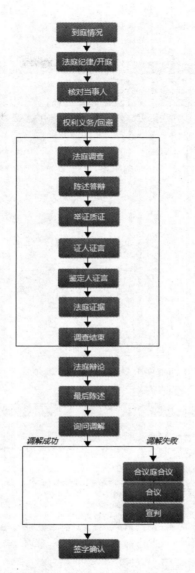

图 6-25　开庭审理步骤流程图界面

步骤五：审判结果

毕庭后结束庭审程序，进入【审判结果】阶段。

在左上角人物角色里选择【立案庭庭长】角色，单击【判决书】，进入判决书填写页面，如图 6-26、图 6-27。

审判长依次填写完《人民法院民事判决书》、《合议庭评议笔录》《宣判笔录》《人民法院送达回证》后单击【发送填好的文书】发送文书。如图 6-28、图 6-29。

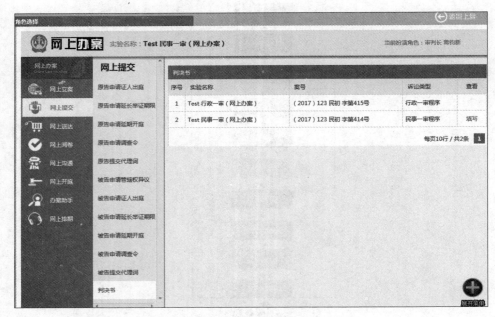

图 6-26　网上提交-判决书申请填写界面

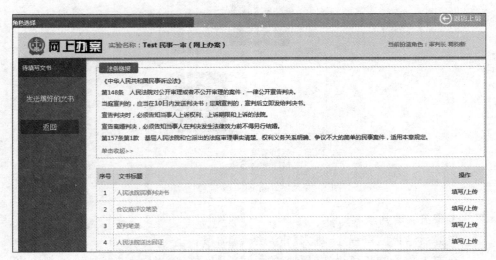

图 6-27　网上提交-判决书填写界面

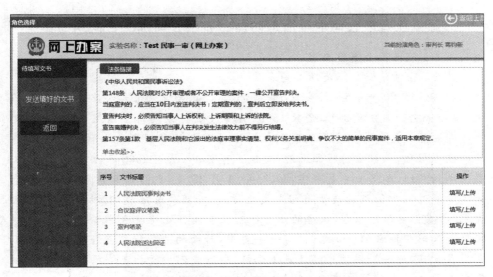

图 6-28 判决书-发送填写好的文书界面

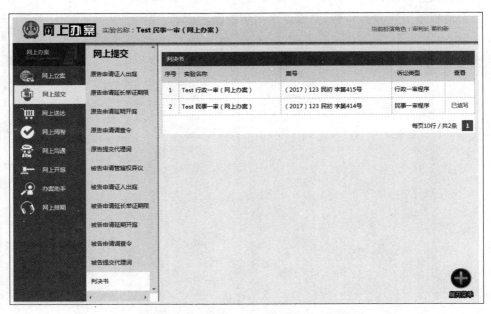

图 6-29 网上提交-判决书填写完成界面

课后练习

天源纸业有限公司诉金盾消防器材有限公司加工合同纠纷案

原告：天源纸业有限公司。

被告：金盾消防器材有限公司。

原告诉称，2008 年至今，原告为被告加工纸箱，合计价值为人民币 184614.85 元，被告除支付部分款项外，余款 15000 元未支付。故起诉至法院，请求判令被告立即向原告支付加工费人民币 15000 元；本案诉讼费用由被告承担。

被告辩称，从双方的账面上看，欠款还有 15000 元。2008 年至 2009 年双方发生纸箱购销、加工业务是事实，2008 年 11 月 25 日，我们把原告提供的纸箱外销给外商过程中因纸箱质量有问题发生货损，外商传真给我们，要求罚金 2500 美元，后我们电话给原告，原告的法定代表人来被告处处理这件事情，原告的法定代表人同意扣除 15000 元，但有一个要求，后面的业务继续做下去。到 2009 年 1 月 6 日，原告提供的产品还是不合格，当时我们把货物还给原告，原告的法定代表人又过来被告处商量，原告法定代表人同意原先扣除的 15000 元，剩余的货款双方结算清楚。希望原告实事求是处理这个案子。

请根据上述实验步骤，完成该案例实验操作内容。

7.1　实　验　目　的

1. 了解民事一审普通程序的含义、内容、法定阶段及重要地位和作用；
2. 明确各个诉讼阶段的具体任务、要求和所要达到的目的；
3. 掌握和正确适用普通程序的各项法律规定；
4. 正确认识一审的庭审环节与相关的公开审判制度、合议制度、回避制度的衔接与正确运用。
5. 学会正确撰写相关诉讼文书的写作。
6. 熟悉审理案件诉讼程序的特点，为学好整个审判程序打下基础。

7.2　实　验　准　备

第一审普通诉讼程序，又称普通程序，是指人民法院审理和裁判第一审民事案件通常适用的程序。普通程序是诉讼程序中最基本、最核心的一种程序，是诉讼程序的基础，具有审判程序通则的功能。在《民事诉讼法》中，普通程序位列众多程序之首，而且与其有关的条文最多，内容最复杂，集中体现了民事诉讼的基本结构、完整性和层次性。一审普通程序以其严谨的程序使民事诉讼案件有了获得公证审判的程序保障，以其内容的完整和系统性，为整个民事审判的公正运作提供了程序保障，使其他审判程序在缺乏相应规定时有法可依，从而保障当事人充分行使自己的诉讼权利，确保法院查明案件事实，做出正确裁判。同时，一审普通程序基本内容的通用性，避免了其他民事审判程序立法内容重复的弊端，使整个民事诉讼审判程序显得层次分明，详尽与简洁的结构合理。从民事诉讼案件的操作程序看，普通程序的操作顺序为：起诉与受理，审理前准备、开庭审理，它们是普通程序的法定阶段。

（一）起诉与受理

1. 起诉

起诉是指当事人就民事纠纷向人民法院提起诉讼，请求人民法院依照法定程序进行审判的行为。即请求法院通过审判，使被告人承担某种法律上的责任和义务。

根据《民事诉讼法》第119条 起诉必须符合下列条件：

（一）原告是与本案有直接利害关系的公民、法人和其他组织；

（二）有明确的被告；

（三）有具体的诉讼请求和事实、理由；

（四）属于人民法院受理民事诉讼的范围和受诉人民法院管辖。

2. 受理

受理，是指法院通过对原告起诉的审查，认为符合法律规定的条件，决定立案审理，从而引起诉讼程序开始的职权行为。起诉与受理是不同诉讼主体实施的诉讼行为，前者是当事人行使诉权的诉讼行为，后者是法院行使管辖权的诉讼行为。只有当原告的起诉和法院的受理这两种诉讼行为相结合，才会引起民事诉讼程序的开始。

法院受理原告的起诉后，产生以下法律效果：（1）受诉法院取得了对该案件的审判权；（2）确定了当事人的诉讼地位；（3）诉讼时效中断。

3. 驳回起诉

驳回诉讼请求是指人民法院对原告的起诉请求或被告的反诉请求及有独立请求权利的第三人提出的诉讼主张，经立案审理或者合并审理后，依照法律规定对上述诉讼主体的全部或部分诉讼请求和主张判决不予支持。

（二）审理前准备

审理前准备是指人民法院在案件受理后至开庭审理前，为保证审判工作的顺利进行和案件正确及时审理而由审判人员进行的各项准备活动。审理前准备主要包括以下几项内容：

（1）组织合议庭、确定审判人员；

（2）向被告发送起诉状副本。人民法院应当在立案之日起5日内，将起诉状副本发送被告。

（3）向原告发出答辩状副本，依法督促适格被告应诉，要求被告提供做出具体行政行为的证据和所依据的规范性文件。被告应当在收到起诉状副本之日起10日内向人民法院提交做出具体行政行为的有关材料，并提出答辩状。人民法院应当在收到答辩状之日起5日内，将答辩状副本发送原告。被告不提出答辩状的，不影响人民法院审理。

（4）认真审核诉讼材料，调取和收集必要的证据，确定审理的重点和难度点。通过对原、被告提供的起诉状、答辩状和各种证据材料进行审查，了解原告的诉讼请求和理由，了解被告的应诉要求和理由，确定案件的焦点。

（三）开庭审理

开庭审理是普通程序中最基本和最主要的阶段，是当事人行使诉权进行诉讼活动和人民法院行使审判权进行审判活动最集中、最生动的体现，对人民法院正确审理民事案件具有重要的意义。首先，开庭审理能够确保人民法院审判权的正确行使。通过开庭审理，审判人员按照民事诉讼法的规定对民事案件的事实进行客观的认定，对证据进行全面的审核，分清是非责任，对民事案件做出公正的处理，从而实现人民法院的审判职能。其次，有利于对审判活动的有效监督。开庭审理将案件的审理过程置于群众的监督之下，增加了审判活动的透明度，有利于保证案件处理的公正性。最后，有利于保护当事人的诉讼权利和实体权利。民事诉讼法对开庭审理中当事人各项诉讼权利及其行使的方式作了充分的规定，开庭审理有利于当事人充分行使诉讼权利，自觉履行诉讼义务，保证庭审活动的顺利进行，最终保护了当事人的民事实体权利。第四，有利于充分发挥开庭审理的教育作用，扩大法制宣传效果。

（四）合议制度

合议制度是指人民法院组成合议庭审理民事案件的制度。所谓审判集体是三人以上的审判集体。所谓审理和评议，是指对案件由审判集体共同审理后共同进行评议，对外以审判集体的名义负责，在诉讼中以审判集体行使诉讼权利和履行诉讼义务。与其相对的是独任制度。

（五）公开审判制度

公开审判制度，是指法院对民事案件的审理过程和判决结果向群众、向社会公开的制度。是指依照法律的规定，除不予公开和可以不公开审理的案件外，一律依法公开审理，同时，不论是否公开审理的案件，宣判时均一律公开进行。公开审判是相对于秘密审判而言的。公开审判取代秘密审判是诉讼制度文明进步的表现。在封建专制社会，审判多在秘密状态下进行，审判过程不仅不公之于众，甚至在当事人之间也相互隔离。秘密审判的不合理性在资产阶级革命时期受到进步思想家的猛烈批判。随着资产阶级革命胜利后，公开审判制度逐渐成为现代各国的一项重要诉讼制度。

（六）回避制度

回避制度，是指人民法院领导干部和审判、执行岗位法官，因血亲、姻亲或者任职等原因，对法官本人或者其配偶、子女依法应当实行任职回避的一种法律制度。

回避制度要求审判员、执行人员等直接审理案件的人或对案件的审理有直接影响的人,在有法律规定的情形时,不参加对案件的审理和有关诉讼活动;已经参加的,要退出案件的审理或有关的诉讼活动。确立回避制度是为了保证民事案件在不受相关人员干扰的情况下公正地审理和执行,同时也可以解除当事人的有关顾虑,维护和提高人民法院的公正形象和审判与执行的公信力。

(七) 法庭笔录

法庭笔录是在法庭审理过程中,由书记员制作的反映法庭全部审判活动的真实情况的记录。包括以下内容：案由;开庭审理的时间、地点;是否公开审理;审判员、书记员姓名;当事人、第三人、诉讼代理人和其他诉讼参与人姓名、性别、年龄、民族、职业、住所;审判员告知当事人的诉讼权利和义务;法庭调查、法庭辩论、法庭调解的过程和内容;合议庭评议笔录;当庭宣判的应记明判决主文,当事人对判决的声明。定期宣判的,应另作宣判笔录。法庭笔录应当有全体审判员、书记员的签名,以表明法庭笔录的真实性和严肃性。

法庭笔录的内容,应当向当事人和其他诉讼参与人公开。公开方式可以由书记员当庭宣读,或由当事人及其他诉讼参与人当庭阅读,或告知当事人在闭庭后 5 日内阅读。当事人和其他诉讼参与人认为法庭笔录有遗漏或差错的,有权申请补正;如果审判员和书记员认为申请无理,不予补正的,不能更改原始记录,但应当将当事人的申请记录在案。法庭笔录应当有当事人和其他诉讼参与人的签名或盖章,拒绝签名盖章的,记明情况附卷。

7.3 实 验 步 骤

本章节主要演示民事一审程序(流程图)的操作步骤。

7.3.1 辅助功能介绍

默认进入实验页面显示的是【教师实验】【民事】。

(1) 查看实验概要

单击下边实验【Test 民事一审】内容中的【实验概要】,即可在跳出框中查看实验概要,如图 7-1。

默认显示【实验概要】的基本信息。单击【实验详情】,如图 7-2 所示。

学生可以查阅到案件详细信息、角色分配、基本控制项、当事人信息、流程图等内容。

单击【案件详情】,如图 7-3 所示。

学生可以查阅到案情概述、案情焦点与问题、案情解析、案情结果、法条链接、其他/二审/再审、建议实验要求、诉讼人信息、原审信息等内容。

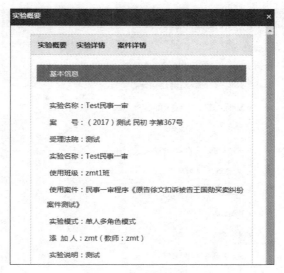

图 7-1 实验概要界面

图 7-2 实验概要-实验详情界面

（2）操作首页相关功能介绍

单击下边实验【民事一审】内容中的【进入实验】链接，则将进入某一实验的操作页面，首先进入的是操作首页，如图 7-4。

页面中间显示的是实验主流程内容，蓝色方框内字体表示诉讼程序的名称；绿色方框内文字表示该步骤正在进行中，红色方框内文字表示该步骤已经结束，单击绿色方框将进入该诉讼环节的子流程；显示为灰色方框的即表示该

图 7-3　实验概要-案件详情界面

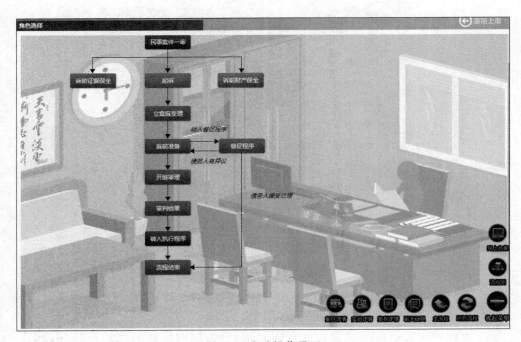

图 7-4　实验操作界面

流程未开启。左边【角色选择】菜单栏内即显示您正扮演的角色，右下角功能栏图标显示案件详情、实验详情、案卷详情、聊天工具、主流程、刷新流程、流程图以及网上办案。

① 角色选择栏

单击左边菜单栏【角色选择】窗口，如图 7-5 显示：

图 7-5　角色选择界面

左边【角色选择】快速工具栏显示的是实验模拟角色列表，单击人物头像即可选择为当前角色。如图所示，绿色勾选人物是当前学生扮演的角色。

② 功能栏

学生要对实验进行操作，需单击页面右下角功能栏，如图 7-6 显示：

图 7-6　功能栏展开界面

单击【收起菜单】，可将功能栏收起，如图 7-7 显示。

③ 案件详情、实验详情、案卷详情

单击【案件详情】将弹出实验详情窗口，如图 7-8 显示。

图 7-7　功能栏收起界面

图 7-8　案件详情界面

查看实验详情同【案件详情】操作；查看案卷详情同理，如图 7-9 所示。

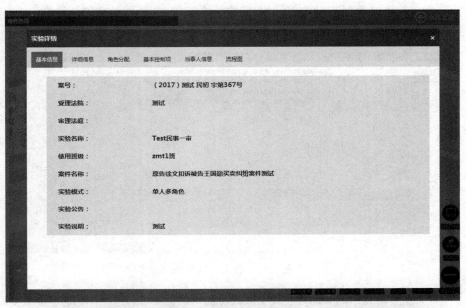

图 7-9 实验详情界面

④ 聊天工具

法源即时在线交流工具，主要可以实现与其他同学和老师在线互动交流，类似于群聊方式；也可以实现与其他同学和老师进行单一交流，类似于私聊方式；同时，该功能可实现即时互动答疑，学生发布一个问题，其他同学和老师解答。

单击【聊天工具】即显示聊天对话框，如下图 7-10 显示：

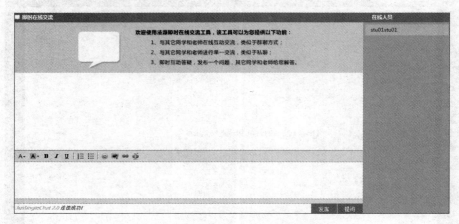

图 7-10　聊天工具界面

页面左上角显示的是即时在线交流人员的对话框，页面左下角是即时在线交流内容的输入框，右边【在线人员栏】显示的是当前实验进入即时在线交流的人员。

7.3.2　流程图实验步骤

单击【流程图】将显示诉讼模拟流程的当前操作页面；单击【主流程】将返回到诉讼模拟主流程页面，单击【刷新流程】即可刷新当前所在页面。

在【角色选择】栏中选择【原告】身份，进入实验模拟程序页面，如图 7-11 所示：

图 7-11　角色选择界面

箭头向下指向的竖行为程序流程步骤，右边出现的分支则为在某一流程可以行使的其他权利。显示为绿色框的，即表示可以进行操作，如图 7-12 所示：

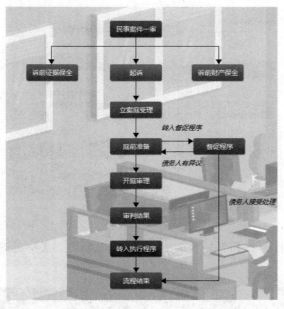

图 7-12　实验流程界面

步骤一：起诉

当鼠标放置于【起诉】流程上时，步骤下方即显示【步骤提示】和【法条】，供学生巩固该步骤知识点，如图 7-13 所示：

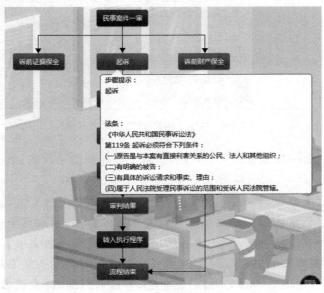

图 7-13　步骤提示界面

单击【起诉】进入起诉页面，如图 7-14：

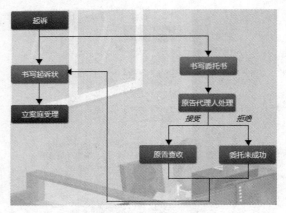

图 7-14　【起诉】流程界面

单击【书写起诉状】进入书写文书页面，默认进入【待处理文书】页面，如图 7-15：

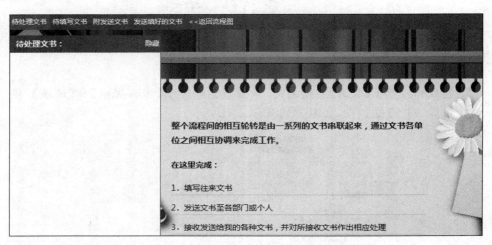

图 7-15　书写起诉状-待处理文书界面

左边最上面一行显示的为工具栏，是需要处理的文书状态；单击【待处理文书】即会弹出对话框，对话框上会显示您目前需处理文书。

按顺序依次填写，单击【待填写文书】即弹出待填写文书页面，如图 7-16。

弹出的对话框内显示的文书就是需要填写的文书；填写完毕，待填写文书的文书颜色变成浅灰色，表示已经填写完毕。单击【附发送文书】，即系统将弹出对话框，上面即显示是否有附发送文书。待所有需要发送文书处理完毕，最上面工具栏【发送填写好的文书】变成蓝色，单击蓝色框内【发送填写的文书】，

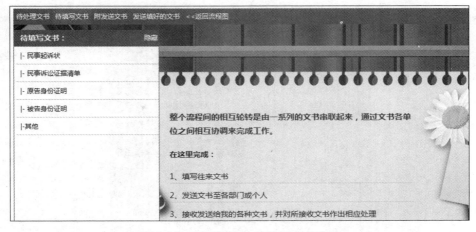

图 7-16　书写起诉状-待填写文书界面

即选择发送对象,此操作完成。但是,如果黑色框内的字体显示为灰色,即表示文书尚未处理完毕,需要继续填写,如图 7-17 显示:

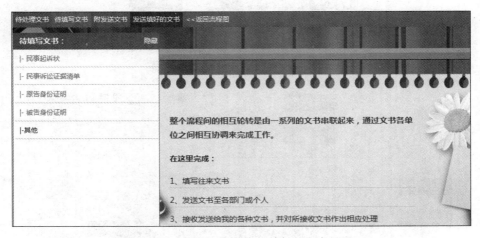

图 7-17　书写起诉状-发送填好的文书界面

　　工具栏最后一项为【返回流程图】,单击【返回流程图】则回到起诉流程开始主页面,完成此步骤后,原本绿色框变成红色框,即表示此操作完成;下一个字体变绿色框即可继续下一个程序。如图 7-18。

　　单击【主流程】,原本绿色框变成红色框,即表示此操作完成;下一个字体变绿色框即可继续下一个程序,如图 7-19。

　　步骤二:立案庭受理

　　在左边人物角色里选择【立案庭庭长】角色,单击【立案庭受理】进入立案庭受理页面,如图 7-20。

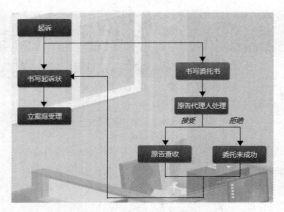

图 7-18　【书写起诉状】步骤颜色跳红界面

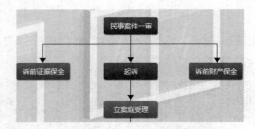

图 7-19　【起诉】步骤颜色跳红界面

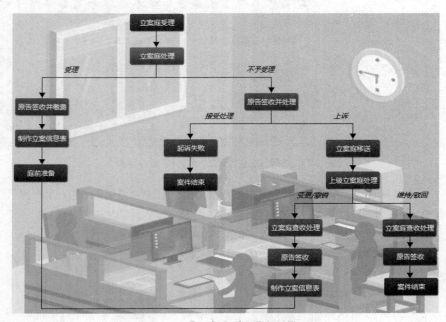

图 7-20　【立案庭受理】流程界面

　　单击【立案庭处理】进入立案庭处理页面，如下图 7-21：

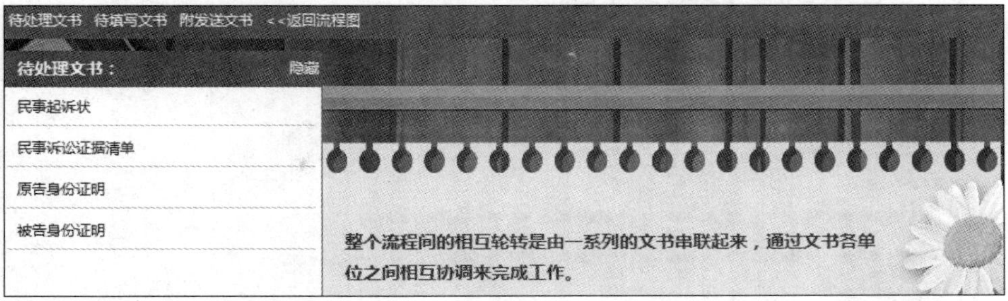

待处理文书　待填写文书　附发送文书　<<返回流程图

待处理文书：　　　　　　　　隐藏

民事起诉状

民事诉讼证据清单

原告身份证明

被告身份证明

整个流程间的相互轮转是由一系列的文书串联起来，通过文书各单位之间相互协调来完成工作。

图 7-21　立案庭受理-待处理文书界面

　　最上面一行为工具栏，按顺序填写处理文书；单击【待处理文书】即显示需要处理的文书；单击需要处理文书栏的某一行单击进入处理，如下图 7-22 所示：

待处理文书　待填写文书　附发送文书　<<返回流程图

受理　　　　不予受理

民事起诉状（法人或其他组织提起民事诉讼用）

原告：XXX，住所……

图 7-22　立案庭受理-待处理文书界面

　　立案庭庭长查看起诉状，做出受理与不予受理决定。决定受理单击【受理】按钮；不予受理则单击【不予受理】按钮，进入下一个文书的查看。依次查看完待处理文书列的文书后直接进入待填写文书状态，如下图 7-23：

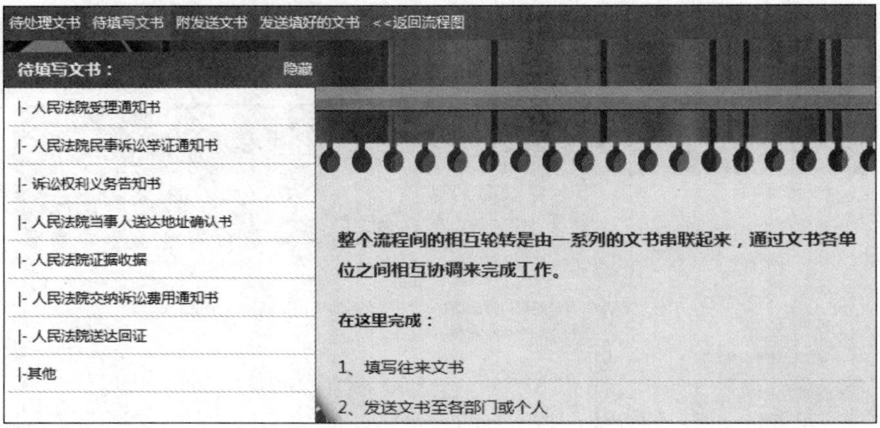

待处理文书　待填写文书　附发送文书　发送填好的文书　<<返回流程图

待填写文书：　　　　　　　　隐藏

|- 人民法院受理通知书

|- 人民法院民事诉讼举证通知书

|- 诉讼权利义务告知书

|- 人民法院当事人送达地址确认书

|- 人民法院证据收据

|- 人民法院交纳诉讼费用通知书

|- 人民法院送达回证

|- 其他

整个流程间的相互轮转是由一系列的文书串联起来，通过文书各单位之间相互协调来完成工作。

在这里完成：

1、填写往来文书

2、发送文书至各部门或个人

图 7-23　立案庭受理-待填写文书界面

单击待填写文书列表中的某一项进入文书填写，如下图 7-24：

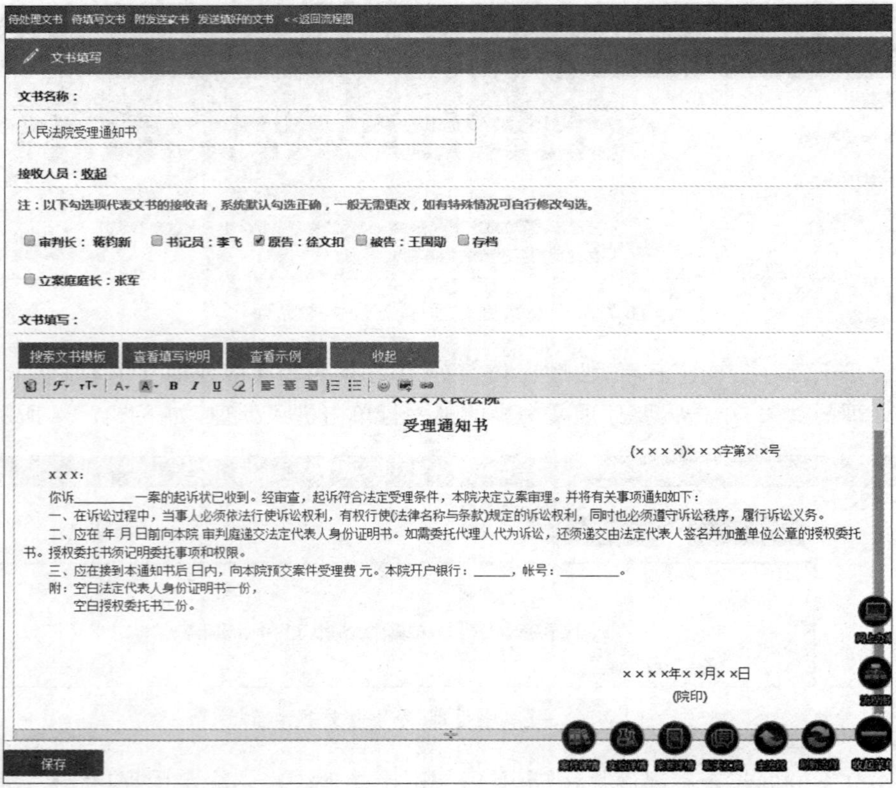

图 7-24　文书填写界面

填写完毕单击【保存】，进入下一个文书的填写，依次类推到填写完所有待写文书，单击【发送填好的文书】发送文书。如图显示蓝色字体即表示文书填写完毕。【返回流程图】即可单击进入下一个操作环节。如下图 7-25：

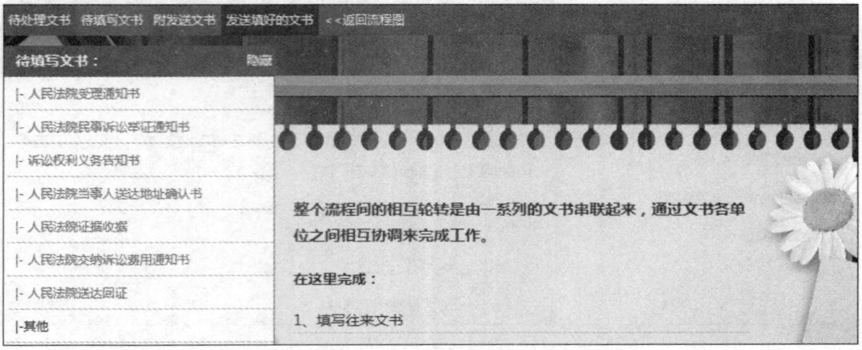

图 7-25　立案庭受理-发送填好的文书界面

步骤三：庭前准备

单击【庭前准备】进入庭前准备页面，如图 7-26：

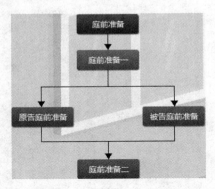

图 7-26　【庭前准备】流程界面

此项操作步骤同上。

步骤四：开庭审理

操作完以上步骤单击【开庭审理】如图 7-27：

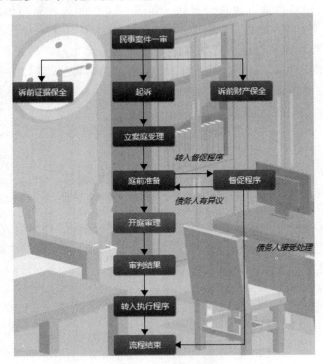

图 7-27　实验流程界面

进入开庭审理后系统将出现模拟法庭画面，在此画面完成庭审过程，如

图 7-28：

图 7-28 【开庭审理】界面

如果实验要求使用语音通话则将弹出 Adobe Flash Player 设计窗口，单击允许即可接受语音通话。法庭分布状况如图 7-28 所示。主要角色为主审判长，立案庭庭长，书记员，原告，被告等。单击右上角工具栏某一操作项，即可查看庭审流程，实验详情案件详情或案卷材料。图片右上角有红色条框内即可依次单击操作庭审程序。右上角则可选择性操作，比如指定发言，结束发言，休庭，结束等情行的操作。如图 7-29：

图 7-29 开庭审理【到庭情况】操作界面

按照庭审流程由书记员和审判长控制，从"到庭情况"开始来完整模拟整个庭审过程，庭审中的每一个步骤出现在右边工具栏中，当步骤发生变化时，可操作的按键也将发生变化。如图 7-30 所示：

图 7-30 开庭审理【到庭情况】操作界面

要了解当前实验进程，可以单击右上角"流程图"，将弹出流程步骤图 7-31：

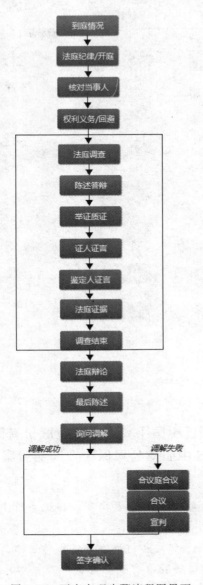

图 7-31　开庭审理步骤流程图界面

步骤五：审判结果

毕庭后结束庭审程序，进入【审判结果】程序，审判长处理完毕，原被告签收后，即转入执行程序，流程结束。如图 7-32：

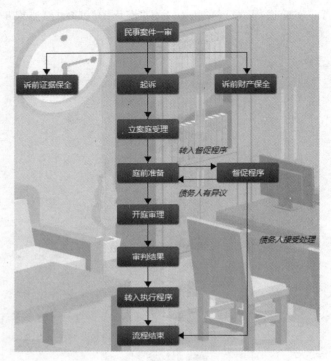

图 7-32　实验流程界面

课后练习

彭胜德诉中国平安人寿保险股份有限公司
S 中心支公司保险合同纠纷案

原告：彭胜德。

委托代理人：冯乾洪，重庆市忠县忠州法律服务所法律工作人员。

被告：常弘社

委托代理人：金国元，绍兴县柯桥法律服务所法律工作人员。

被告中国平安人寿保险股份有限公司 S 中心支公司。

委托代理人：高德军，系该公司职工。

原告诉称，原告受雇于玻璃股份有限公司，该公司于 2009 年 3 月前为原告办理了意外伤害保险，受益人为原告。保险约定医疗费保额为人民币 10000元，意外伤害保额为 50000 元，保险期限为 1 年。2009 年 7 月 8 日，原告在上下班途中发生交通事故受伤，花去医疗费 16709.67 元，伤残等级为十级。经 S 县人民法院开庭审理，判决交通事故相对方赔偿原告 105857.17 元。原告因向被告理赔未果，遂起诉至法院，请求判令被告赔偿原告意外伤害医疗保险费 10000 元和意外伤害伤残费 49222 元，合计 59222 元；诉讼费用由被告承担。

被告辩称，第一，原告作为保险合同的被保险人，从未向被告提起过理赔申请，也没有提交理赔资料，保险公司是否愿意赔偿没有确定，也没有证据表明原告的权益被侵害的客观事实，在此情况下，原告不享有诉权，法院应裁定驳回原告的诉讼请求。第二，原告是《绿色通道全国意外医疗垫付卡》自助保险产品的投保人和被保险人，该产品为个人意外伤害保险，仅支持投保人以自己或其未成年子女为被保险人，通过在平安官方网站输入个人信息，强制阅读条款后，最后以电子签名的方式确认完成投保过程，合同的成立以投保人在网络投保界面进行电子签名，获得系统生成的唯一保单号码为标志。在此次争议的保险合同中，原告既为投保人又为被保险人，保险合同适用《平安短期综合意外伤害保险条款》。原告认为与被告订立的保险合同真实有效，主张保险金支付，但却不愿意受到保险合同责任条款的约束，非但没有提供任何其要求支付 59222 元保险金的合同依据。相反直接以一纸交通事故案判决书中认定的侵权责任赔偿数额来要求我公司承担合同责任，完全没有依据。按照谁主张谁举证的举证责任分配原则，应当由原告方就其诉讼请求的合同依据承担举证责任。第三，原告要求给付残疾保险金 49222 元的请求没有合同依据。双方订立的保险合同第二条约定，该款保险产品保障的意外残疾范围及对应的给付标准为合同中约定的《残疾程度与给付比例表》共七级 34 项，保险公司在订立合同时已经向投保人交付了该条款，符合 2002 年《保险法》第 17 条第一项的规定，应当对当事人双方产生效力。原告在诉请支付残疾保险金，但未提供证据证明其残疾程度符合合同的约定。第四，原告要求给付意外医疗保险金 10000 元的诉讼请求违背了保险基本原理和监管规定。损害补偿原则为保险的基本原则，不允许被保险人从保险中获益。补偿以损害为前提，本合同意外医疗保险金的补偿对象是被保险人因治疗疾病所产生的费用，如果该部分支出被保险人已经通过其他渠道获得补偿，那可认为其实际并未产生损失，如此时仍允许其通过商业保险获得额外利益，并由其他保险费缴费义务人分担该不当利益的给付，与保险制度基本原理相违背，也违反了《保险法》的立法目的。同时，保险监督管理委员会2006 年发布的第 8 号令《健康保险管理办法》第 4 条已经明确，"根据被保险人实际发生的医疗费用支出，按照约定的标准确定保险金数额的医疗保险为费用给付型医疗保险。费用补偿型医疗保险的给付金额不得超过被保险人实际发生的医疗费用金额"。综上，我们认为原告不享有诉权在先，其诉讼请求没有法律和合同依据在后，请求法院依法驳回原告的诉讼请求。

请根据上述实验步骤，完成该案例实验操作内容。

8.1 实 验 目 的

通过实验要求学生熟悉督促程序的相关法律法规,准确领会督促程序的特点,熟练运用督促程序审理案件并能撰写相关的法律文书。

1. 掌握启动督促程序的条件;
2. 能够规范操作督促程序各个环节;
3. 理解和掌握督促程序与其他程序的区别;
4. 能够撰写相关的法律文书。

8.2 实 验 准 备

8.2.1 概述

督促程序,是指人民法院根据债权人的申请,以支付令的方式,催促债务人在法定期间内向债权人履行给付金钱和有价证券义务,如果债务人在法定期间内未履行义务又不提出书面异议,债权人可以根据支付令向人民法院申请强制执行的程序。司法实践中存在一些债权债务关系明确的给付金钱和有价证券的案件,双方当事人对他们之间的债权债务关系并没有争议,而是债务人不自动履行义务,或者没有能力清偿债务。这些案件如果完全按照通常的诉讼程序来解决的话,会增加诉讼成本,有悖诉讼经济和诉讼效率的原则。人民法院对这类案件适用督促程序进行处理,通过书面审查即可催促债务人履行给付义务,如果债务人在法定期间内不履行债务又没有提出书面异议,债权人可以向人民法院申请强制执行,从而使债务纠纷方便快捷地得到解决。因此,督促程序对方便当事人诉讼和方便法院办案,提高诉讼效率,节约当事人实现债权的成本,及时保护当事人的合法权益,具有重要的意义。

8.2.2　基本程序

1. 申请

根据民事诉讼法的规定，督促程序由债权人向人民法院申请支付令而开始。民事诉讼法规定，申请支付令应当符合下列条件：

（1）债权人与债务人没有其他债务纠纷的。即申请人对被申请人没有给付金钱等其他债务，只存在被申请人未向申请人给付金钱或者有价证券的情形。例如甲乙签订了购销钢材的合同，甲按照合同的约定向乙交付了钢材，乙未按期给付货款，此时，甲对乙没有其他债务纠纷，可以申请法院发布支付令。如果甲向乙要货款前，还未向乙发货，此时他就不能申请支付令。

（2）支付令能够送达到债务人的。债务人不在我国领域内，或者债务人下落不明需要公告送达，都属于不能送达，在这两种情况下，不能申请支付令。

申请支付令，应当提交申请书，写明请求给付金钱或者有价证券的数量和所根据的事实和证据。事实是指双方债权债务关系存在及债务人没有履行债务的事实。对于提出的事实，要有相应的证据加以证明。申请书应当向有管辖权的人民法院提出。至于哪个是有管辖权的人民法院，取决于争议法律关系的性质和民事诉讼法关于管辖的规定。例如，如果是因为合同关系请求给付金钱，可以向合同履行地或者被告所在地人民法院申请。

2. 受理

债权人提出申请后，人民法院应当在 5 日内通知债权人是否受理。对符合民事诉讼法规定的申请条件的，人民法院都应当受理。为迅速解决债务争议，人民法院受理申请后，仅审查债权人提供的事实和证据，不需要询问债务人及开庭审理。人民法院经审查，认为债权债务关系明确、合法，应当在受理之日起 15 日内直接向债务人发出支付令；申请不成立的，应当裁定予以驳回。申请不成立包括债权债务关系不明确及债权债务不合法等。

3. 提出异议

人民法院发布支付令前仅审查了申请人提出的事实和证据，没有接触被申请人，没有让被申请人对申请人的请求答辩，为了平等地保护当事人双方的合法权益，民事诉讼法规定，债务人自收到支付令之日起 15 日内可以提出书面异议。

4. 判决

经过法院书面审查，以支付令方式催促债务人履行债务，法院发出支付令后，债务人在法定期间内未提出书面异议，支付令就产生强制执行的效力；债务人如果提出书面异议，法院便裁定终结督促程序，对终结督促程序的裁定，申请人不得上诉。

8.3　实验步骤

本章节主要演示督促程序的操作步骤。

8.3.1　辅助功能介绍

辅助功能介绍同 7.3.1。

8.3.2　流程图实验步骤

单击【流程图】将显示诉讼模拟流程的当前操作页面；单击【主流程】将返回到诉讼模拟主流程页面，单击【刷新流程】即可刷新当前所在页面。

在【角色选择】栏中选择【债权人】身份，进入实验模拟程序页面，如图 8-1：

图 8-1　角色选择界面

箭头向下指向的竖行为程序流程步骤，右边出现的分支则为在某一流程可以行使的其他权利。显示为绿色框的，即表示可以进行操作。如图 8-2。

步骤一：债权人申请

当鼠标放置于【债权人申请】流程上时，步骤下方即显示【步骤提示】和【法条】，供学生巩固该步骤知识点。

单击【债权人申请】，进入书写文书页面，默认进入【待处理文书】页面，如图 8-3。

左边最上面一行显示的为工具栏，是需要处理的文书状态；单击【待处理文书】即会弹出对话框，对话框上会显示您目前需处理文书。

按顺序依次填写，单击【待填写文书】即弹出待填写文书页面，如图 8-4。

弹出的对话框内显示的文书就是需要填写的文书；填写完毕，待填写文书的文书颜色变成浅灰色，表示已经填写完毕。单击【附发送文书】，即系统将弹出对话框，上面即显示是否有附发送文书。待所有需要发送文书处理完毕，最

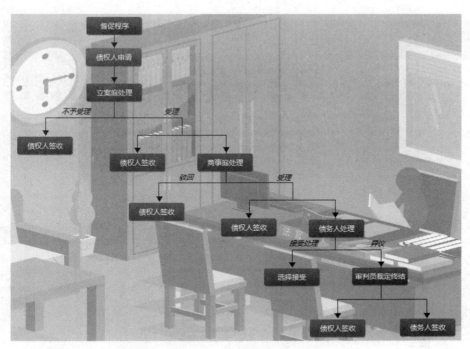

图 8-2　督促程序界面

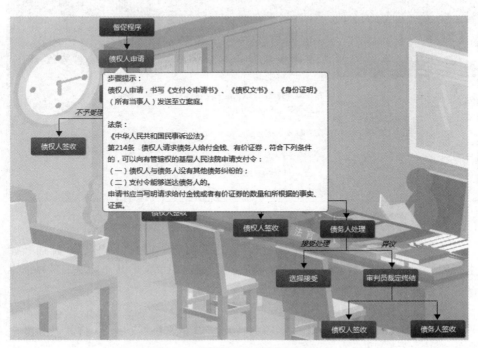

图 8-3　【债权人申请】提示界面

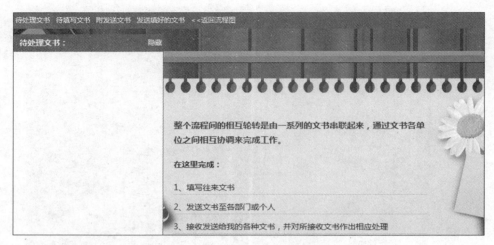

图 8-4　债权人申请-待处理文书界面

上面工具栏【发送填写好的文书】变成蓝色，单击蓝色框内【发送填写的文书】，即选择发送对象，此操作完成。但是，如果黑色框内的字体显示为灰色，即表示文书尚未处理完毕，需要继续填写，如下图 8-5 显示：

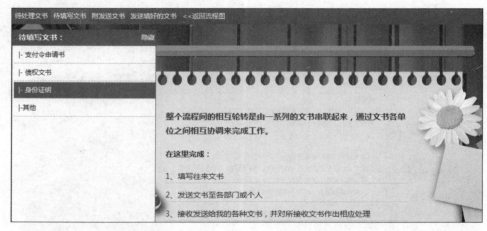

图 8-5　债权人申请-待填写文书界面

工具栏最后一项为【返回流程图】，单击【返回流程图】则回到起诉流程开始主页面，完成此步骤后，原本绿色框变成红色框，即表示此操作完成；下一个字体变绿色框即可继续下一个程序。如图 8-6。

步骤二：立案庭处理

在左边人物角色里选择【立案庭庭长】角色，单击【立案庭受理】进入立案庭处理页面，如图 8-7。

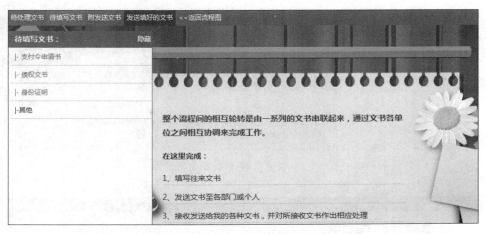

图 8-6 债权人申请-发送填好的文书界面

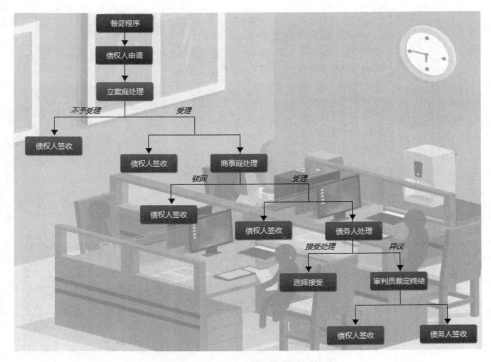

图 8-7 【债权人申请】步骤完成界面

最上面一行为工具栏,按顺序填写处理文书;单击【待处理文书】即显示需要处理的文书(如图 8-8);单击需要处理文书栏的某一行单击进入处理,如图 8-9 所示。

立案庭庭长查看支付令申请书,做出受理与不予受理决定。决定受理单击

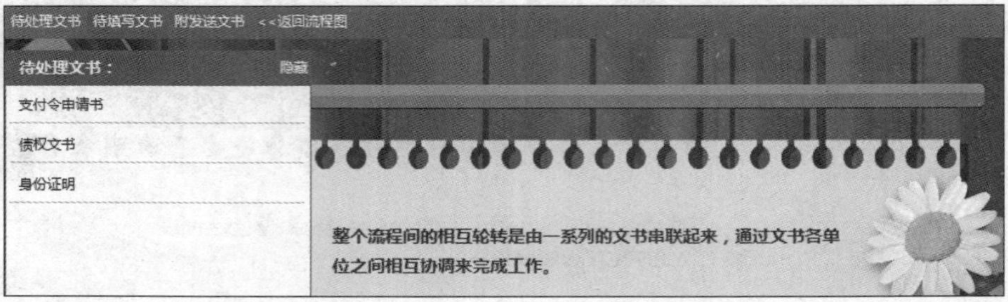

图 8-8　立案庭处理-待处理文书界面

图 8-9　立案庭处理-待处理文书是否受理界面

【受理】按钮；不予受理则单击【不予受理】按钮，进入下一个文书的查看。依次查看完待处理文书列的文书后直接进入待填写文书状态，如图 8-10：

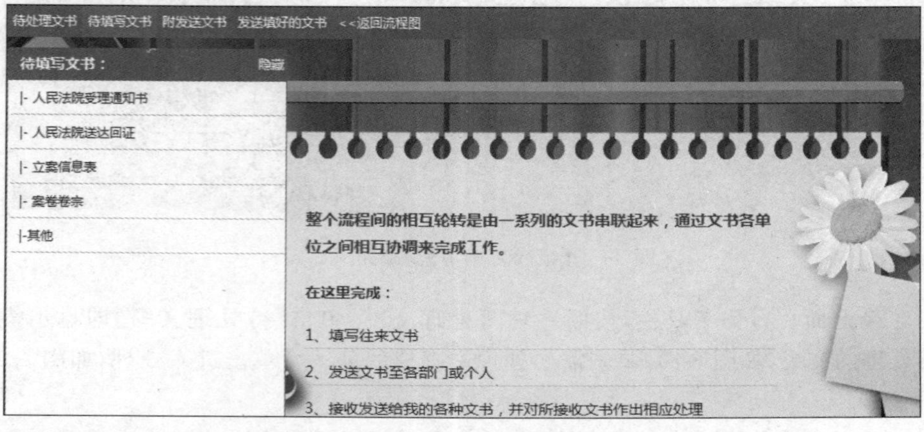

图 8-10　立案庭处理-待填写文书界面

单击待填写文书列表中的某一项进入文书填写，如图 8-11：

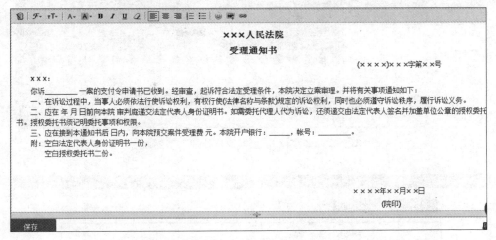

图 8-11　立案庭处理-待填写文书具体填写界面

填写完毕单击【保存】，进入下一个文书的填写，依次类推到填写完所有待写文书，单击【发送填好的文书】发送文书。如图显示蓝色字体即表示文书填写完毕。【返回流程图】即可单击进入下一个操作环节。如图 8-12：

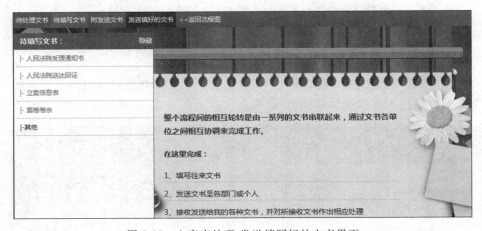

图 8-12　立案庭处理-发送填写好的文书界面

步骤三：商事庭处理阶段

在左边人物角色里选择【审判长】角色，单击【商事庭处理】进入商事庭处理页面，如图 8-13。

最上面一行为工具栏，按顺序填写处理文书；单击【待处理文书】即显示需要处理的文书；单击需要处理文书栏的某一行单击进入处理，如图 8-14 所示。

审判长查看案卷，做出受理与驳回决定。决定受理单击【受理】按钮；不予

图 8-13　商事庭处理阶段-待处理文书界面

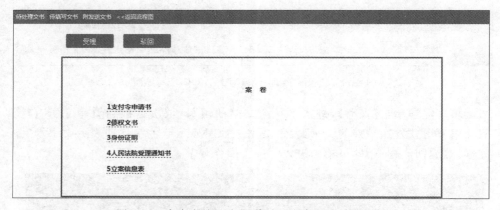

图 8-14　商事庭处理阶段-待处理文书是否受理界面

受理则单击【驳回】按钮，进入下一个文书的查看。依次查看完待处理文书列的文书后直接进入待填写文书状态，如图 8-15：

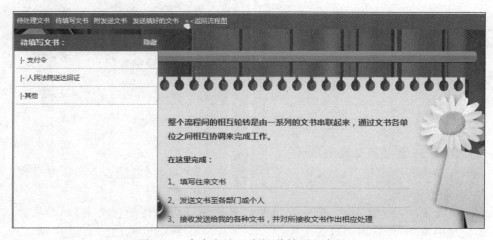

图 8-15　商事庭处理阶段-待填写文书界面

单击待填写文书列表中的某一项进入文书填写,如图8-16:

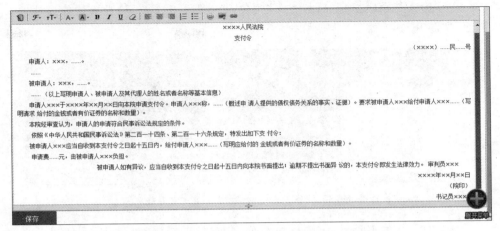

图8-16　商事庭处理阶段-待填写文书具体填写界面

　　填写完毕单击【保存】,进入下一个文书的填写,依次类推到填写完所有待写文书,单击【发送填好的文书】发送文书。如图显示蓝色字体即表示文书填写完毕。【返回流程图】即可单击进入下一个操作环节。如图8-17:

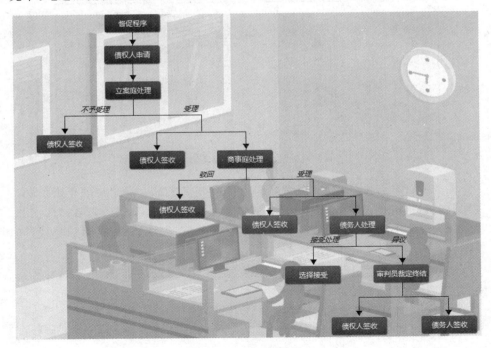

图8-17　主流程操作界面

步骤四：债务人处理阶段

在左边人物角色里选择【债务人】角色，单击【债务人处理】进入债务人处理页面，如图 8-18：

图 8-18 债务人处理阶段-待处理文书界面

最上面一行为工具栏，按顺序填写处理文书；单击【待处理文书】即显示需要处理的文书；单击需要处理文书栏的某一行单击进入处理，如图 8-19 所示：

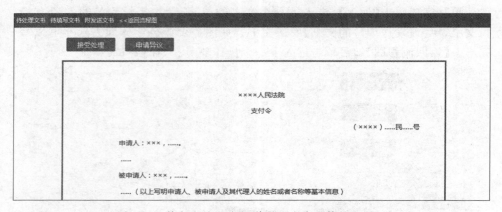

图 8-19 债务人处理阶段-待处理文书具体处理界面

债务人查看支付令，做出接受处理与申请异议决定。接受受理单击【接受受理】按钮；申请异议则单击【申请异议】按钮，进入下一个文书的查看。依次查看完待处理文书列的文书后，若债务人接受处理，则程序结束，若申请异议，则直接进入待填写文书状态，如图 8-20。

债务人依次填写并保存所有待填写文书后，单击【发送填好的文书】发送文书，并返回流程图，如图 8-21。

步骤五：审判员裁定终结阶段

在左边人物角色里选择【审判长】角色，单击【审判员裁定终结】进入审判员处理页面，如图 8-22。

审判长首先处理【待处理文书】，处理完毕后，填写所有【待处理文书】并发

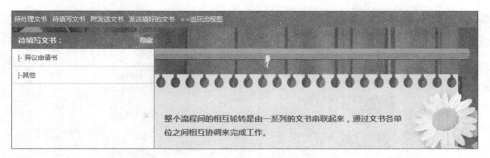

图 8-20　债务人处理阶段-待填写文书界面

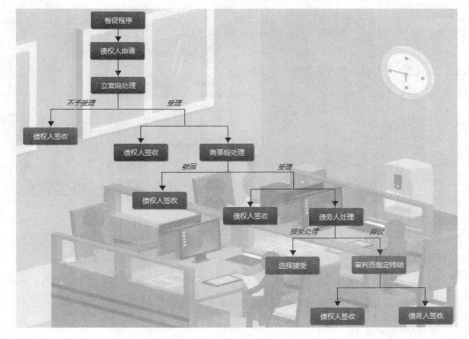

图 8-21　主流程操作界面

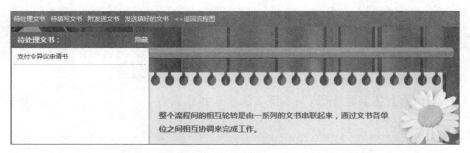

图 8-22　审判员裁定终结阶段-待处理文书界面

送，操作原理同上。

债权人、债务人签收后，所有步骤跳红，程序结束，如下图 8-23：

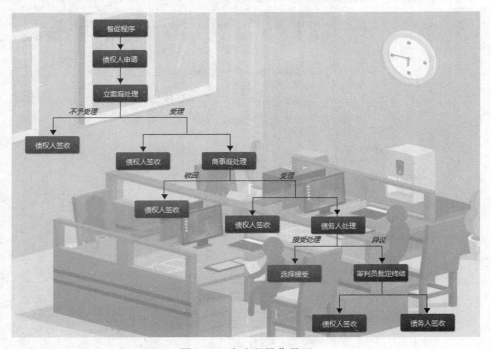

图 8-23　主流程操作界面

课后练习

申请人高某甲要求被申请人高某乙归还借款案

债权人高某甲。

债务人高某乙。

债权人高某甲于 2015 年 6 月 24 日向法院申请支付令，要求债务人高某乙归还借款 10000 元，并承担本案申请费。债权人高某甲为证明其主张的事实，向本院提交了由债务人高某乙于 2013 年 10 月 25 日、2013 年 10 月 28 日向债权人出具的借条一份。

请根据上述实验步骤，完成该案例实验操作内容。